人人都能學會

存到100張

金融股

全圖解

《Smart 智富》真·投資研究室 ◎著

CONTENT 目錄

編者前言｜投資 安心至上

　　這幾年台灣股市吹起「存股風」，剛開始，投資人追逐著高股息的股票，但高股息股票也會碰到愈買股價愈便宜，甚至後來股利愈配愈差的公司。此後，又有一股新風潮吹起，就是「存金融股」，特別在這2年大受散戶喜愛。

　　好的存股標的，明明不限於金融股，為什麼諸多散戶對於金融股卻情有獨鍾？平心而論，單看報酬，存金融股不是最佳選擇，但如果加上安全性考量，金融股則大大加分。

　　何以如此？因為金融產業在台灣是特許行業，受到主管機關的嚴格監管，就算偶而新聞上會見到某某貸款弊案，但真的去看銀行業因此受損的程度，大多只能算「跌倒擦傷」，連「骨折」都還談不上，也因為有著國家監管掛保證，雖然沒有法令規定銀行不能倒，但實務上，一旦出現經營艱困的銀行或保險公司，政府還是會積極介入處理，也因此，給予股民更高的持有信心，甚至出現「錢存銀行，不如存銀行股」的說法，畢竟，如今定存利率才1%左右，連

通膨都追不上，而金融股的現金股利殖利率 4% ～ 5% 者比比皆是，甚至更高，且在長期平均買入的狀況下，股利、價差雙賺的可能性非常高。

例如在《Smart 智富》月刊 247 期的〈封面故事〉主角陳小罐（化名），從月薪不到 3 萬元的小學徒作起，一直到成為獨當一面的師傅級黑手，他把每月儲蓄省下來的錢，幾乎全數投入買金融股，累積超過 700 張，某年在報稅的時候，老婆才發現，老公光從金融股領到的股利，居然比她工作 1 年的薪水還高！

這正是存股的複利力量！不在乎一開始只能買 1 張、2 張，甚至 100 股或 200 股零股，重要的是「持續買進的力量」。累積過程中，目標不是急著看這筆投資的每年投入報酬率有多好，而是今年又買到了多少張股票。

試想，若 1 年的價差報酬率 100%，聽起來很棒，也很不容易達成，但投入本金只有 10 萬元，這麼辛苦的選股、操作、提心吊膽，真正的結果是只賺到 10 萬元。又或，1 年股息報酬率只有 5%，很一般，應該不難達成，但長期累積下來，靠著穩穩買進、每天依舊吃飽睡好，但因投入本金已經高達 500 萬元，則 1 年光是實際領到的金額就達到 25 萬元。前者讓你不敢投入大的資金部位，是因為

個股波動大、持股信心不足;後者敢持續買進,是因為買到營運良好、配息穩健的金融股,所以不擔心把大部分的身家都放在股市裡。勝敗的差別,就在這裡。

只要有良好的金融監理制度,加上管理者正派經營,金融股的投資風險便可大幅降低,足以讓你安心大舉買進。無怪乎,股神巴菲特(Warren Buffett)愛買金融股,台灣的政府基金操盤手也愛買金融股,愈是資金雄厚的人,愈是樂於把錢投入金融股,錢之所在,即信心之所在,超級有錢人都這麼有信心,你還怕什麼?

《Smart 智富》真·投資研究室

認識金融股家族

Chapter 1

找速配標的

依業務性質不同
簡單搞懂金融股5大類型

台灣上市公司的現金股利殖利率,從 2009 年至 2018 年平均殖利率為 4.06%,其中僅 2011 年因為歐債危機導致大盤修正,使殖利率來到 5.65% 的水準,其餘年度都在 5% 以下(詳見圖 1)。

而且因為這期間,許多投資人見識到台股上沖、下洗的威力,操作波段者,往往因為虧損而追高殺低,變成被市場屠殺的肥羊,荷包失血過多,以至於市場上出現以「存股」為操作方式的「佛系投資人」。

金融股殖利率高、股性牛皮,受存股族青睞

這群佛系投資人以尋覓高殖利率股為主,然而,這幾年台股都在多頭中成長,許多優質企業的股價跟著水漲船高,高殖利率的股票已經不是這麼好找。

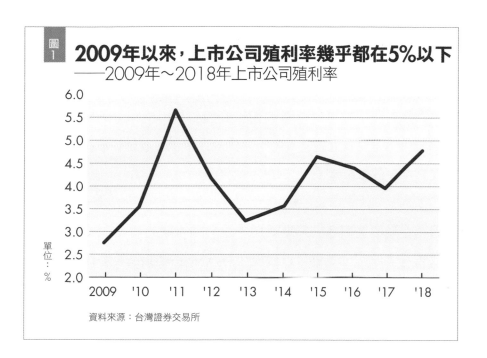

図1 **2009年以來，上市公司殖利率幾乎都在5%以下**
——2009年～2018年上市公司殖利率

單位：%

資料來源：台灣證券交易所

　　但是，有一群存股人發現「金融股」這塊寶藏！雖然金融股股性牛皮，若以Ｋ線圖來看，其股價往往呈現一條水平線，也通常是在多頭市場中，最後起漲的類股。不過，因為以存股為主，股價成長與否並不是這群佛系投資人最在意的事情。反而因為金融股股性牛皮，不會因為股價大幅飆漲，而買不下手。

　　金融股的現金股利殖利率約4%、5%，但因為很常發放股票股利，所以整體的殖利率往往可以上看6%、7%，甚至更高，加上股票股

利可以讓存股的投資人加速累積股數，因此許多人開始只專注存金融股！

但「金融股」都可以存嗎？No！No！No！投資人要注意，金融股可不是只有上述文章中所說的高殖利率、股性牛皮這種類型，它其實像一個水果盤！

因為金融股這個名詞只是泛指「跟金融有關的個股」，所以當投資人進一步研究，其實可以發現，每一檔金融股的業務範疇都不盡相同。如果將金融股的所有業務攤開來看，並依照公司的獲利來源占比來區分，金融股還可分成銀行類股、保險類股等等，而且同樣是銀行類股，又可再分成純銀行及銀行型金控。

就像投資人常常說「傳產股」，但追根究柢，裡面尚包含了水泥類股、食品類股、紡織纖維類股以及塑膠類股等等。而食品類股，可能又包含了賣雞肉、賣油品、賣餅乾的公司。

用生活化的方式來舉例，金融股這個「水果盤」，盤子上可能有蘋果、葡萄跟棗子等等，每種「水果」採買、挑選的方式皆不同，味道不同、吃起來的方式也不同──有的要削皮，有的要剝皮，有的可以直接洗乾淨拿起來吃！當然，因為上述的差異，喜歡的人也

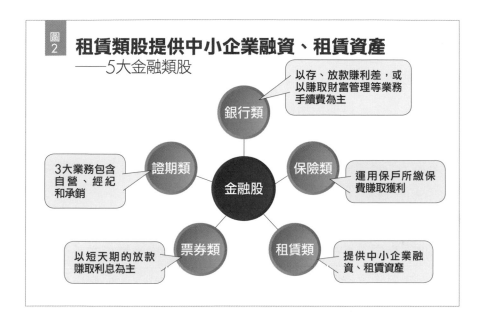

圖2　**租賃類股提供中小企業融資、租賃資產**
——5大金融類股

銀行類：以存、放款賺利差，或以賺取財富管理等業務手續費為主

證期類：3大業務包含自營、經紀和承銷

金融股

保險類：運用保戶所繳保費賺取獲利

票券類：以短天期的放款賺取利息為主

租賃類：提供中小企業融資、租賃資產

不一樣。

「金融股」依照業務範疇，進一步細分，有以下 5 種類型（詳見圖 2）：

1. 銀行類

以存、放款賺利差，或以賺取財富管理等業務手續費為主，即我們常接觸到的銀行，譬如玉山金（2884）、華南金（2880），甚至新興的類網路銀行——王道銀行（2897）。但細究，又可分為

純銀行、銀行型金控。

2. 保險類

簡單來說，是以保戶所繳保費賺取獲利，扣除保險成本後為其利潤，譬如中壽（2823）、三商壽（2867）等，有時也不單只有保險業務，而是以金控的方式存在，像是國泰金（2882）、富邦金（2881）等。

不過，除了人身保險的相關企業之外，其他容易被投資人忽略的還有財產保險以及再保險公司，譬如台產（2832）、新產（2850）等等。

3. 租賃類

租賃類股除了提供中小企業融資，另一種獲利營運模式為：當 A 廠商需要某機器設備，但沒有資金購買，租賃類股的公司這時就買進該機器設備，然後租給 A 廠商。像是中租-KY（5871）和裕融（9941）等。

4. 票券類

以短天期的放款賺取利息為主，譬如國票金（2889）和華票（2820）等。

5. 證期類

可再進一步細分為「自營商」、「經紀商」和「承銷商」，其中以經紀商最好理解，就是賺取投資人買進或賣出金融商品時的手續費，即投資人口中的證券商或期貨商，譬如群益證（6005）、元大期（6023）。

這5種類型的金融股，其營運模式、獲利來源皆不同，就連同樣類型的金融股，可能也都因為業務範疇不同，而有不同的狀況產生。理所當然，投資人在操作時，要觀察的重點也不同，操作的方式更不用說，一定有所差異，有的可以拿來當成「只存不賣」的傳家寶，有的則視獲利情形波段操作。

舉例來說，同樣是保險類股，純壽險型的公司就比較適合波段操作，相比之下，壽險型金控則較適合存股，原因就在於其獲利引擎不同。

至於這5大類型的金融股，每一類型有什麼樣的業務呢？獲利模式為何？又因為業務範疇不同而要觀察哪些重點呢？操作方面，該存股還是波段進出呢？可以參考哪些指標呢？別急，我們會在接下來的章節針對這5大類金融股做剖析。選對標的，就能無痛苦存到100張！

金融特別股配息率固定，也受存股族青睞

最後補充一點，在近 2 ～ 3 年間，金融業發行了不少「特別股」，而特別股又被稱為「優先股」，與我們常在集中市場買賣的「普通股」不同。與金融普通股相比，金融特別股擁有固定股息、股價相對穩定等優點，因此近來也受到不少存股投資人的青睞。

由於「金融特別股」的涵義與股性又與「金融普通股」不太相同，因此，本書將其視為另一大類型，在書中也會特別介紹何謂金融特別股，以及其操作方式。

長線投資明星
銀行股

Chapter
2

純銀行股＋銀行型金控
金融股長線投資者最愛

在台灣上市櫃金融股中，最多檔且最熱門的絕對非「銀行族群」莫屬，目前上市櫃合計共有 10 檔純銀行股及 9 家銀行型金控，興櫃市場則有 1 家瑞興銀（5863）可供買賣。

而不隸屬於銀行類型的金控公司，旗下多數也都擁有銀行，例如富邦金（2881）、國泰金（2882），但是銀行在業務上的占比較其他主要業務為小，因此此處不將其列為銀行型金控，將會列在後續篇章，再做討論。

台灣銀行業以商業銀行為最大宗

台灣銀行業從 1899 年創立臺灣銀行後，發展至今已有 120 年的歷史，若以銀行的功能及《銀行法》的規定區分，台灣銀行業大致可分為下列幾種（詳見圖 1）：

圖1 中央銀行主要在穩定金融制度與發行貨幣
——台灣銀行業5種類型

1 中央銀行	銀行的銀行，穩定金融制度和發行貨幣
2 商業銀行	藉由存款、放款，提供短期信用
3 儲蓄銀行	吸收國民儲蓄，供給中長期信用
4 專業銀行	具有特定經營範圍，以及提供專門性金融服務的銀行
5 信託投資公司	收受、管理及運用受託的資金或財產

1.**中央銀行**：主要任務是領導金融發展、穩定金融制度、健全銀行制度、維護幣值穩定、協助經濟發展和發行貨幣。

2.**商業銀行**：以收受存款、供給短期信用為主要業務的銀行。

3.**儲蓄銀行**：以收受存款及發行金融債券來吸收國民儲蓄，供給中長期信用。

表1	**目前台股唯一非商業銀行的銀行股為台企銀**

——商業銀行vs.專業銀行

類型	商業銀行			專業銀行
名稱 （股號）	華南金（2880）、玉山金（2884）、元大金（2885）、 兆豐金（2886）、台新金（2887）等			台企銀 （2834）

資料來源：公開資訊觀測站

　　4. 專業銀行：具有特定經營範圍，並提供專門性金融服務；為便利商業信用供給而設立，大致分為工業銀行、農業銀行、輸出入銀行及中小企業銀行、不動產信用銀行和國民銀行。

　　5. 信託投資公司：以受託人的地位，按照特定目的收受、經理及運用信託資金與經理信託財產，或是以投資中間人的地位，從事與資本市場有關的特定投資金融機構。

　　目前，在台灣股市中，以商業銀行為最大宗，過去有開發工銀和台灣工銀2家工業銀行，但現在都已改制為商業銀行。開發工銀則在購併萬泰商銀後，改制為凱基商業銀行，台灣工銀則是改制為王道商業銀行，目前在台灣股市中，非商業銀行的銀行股，僅剩下台企銀（2834）一家，仍為中小企業專業銀行（詳見表1）。因此，

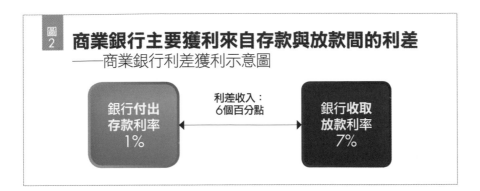

圖 2 **商業銀行主要獲利來自存款與放款間的利差**
　　——商業銀行利差獲利示意圖

接下來在介紹銀行獲利模式時，會以商業銀行為主力來進行。

商業銀行發展非利差的新型態業務，穩定獲利

　　各家商業銀行的獲利模式雖略有不同，但大多都是以「利差」為獲利主力，意即銀行經營存款和放款 2 項業務，以較低的利率借入存款，以較高的利率放出貸款，存貸款之間的利差就是商業銀行的主要利潤。

　　舉例來說，小明將 100 萬元以 1% 年利率定存於銀行中，小華以 7% 年利率向銀行借款 100 萬元，在不計入手續費與其他成本費用的情況下，2 人存借款的利率差 6 個百分點，即是銀行的獲利（詳見圖 2）。

也因為主要獲利來源來自於存放款利差的特性，每當央行調升利率時，一般存款利率調升的速度會慢於放款利率調升，此時會造成銀行的利差放大。因此，在多數的情況下，央行若處於升息循環中，將有助於銀行獲利及相關股票的表現。

除了利差外，有鑑於存放款業務的競爭和萎縮，現今許多商業銀行多從事和發展其他非利差業務，像是發行信用卡、私人財富資產管理、財務顧問、金融產品的銷售和代理或投資收入等非傳統業務。

而在檢測一家商業銀行的創新能力時，非利差業務亦是一個指標，若銀行的傳統業務占比和依賴程度愈低，表示其業務上的創新能力愈強，未來業務成長性也愈佳。

非利差業務的另一個優勢在於，當央行降息導致銀行利差縮小時，銀行的傳統收入萎縮，但因為市場借款利率降低、游資增加，金融資產的吸引力也會相對增加，此時銀行的財富管理、顧問或金融商品的手續費業務就有望增加，而在這些部分著墨較多的銀行，受惠的程度較強，受到降息利差縮小的影響也相對較小。

換句話說，新型態業務能發揮平衡傳統業務、穩定銀行獲利的效用（詳見圖3）。

圖 3　現今商業銀行致力於發行信用卡等非傳統業務
——商業銀行非傳統利差收入來源

| 發行信用卡 | 資產管理、財務顧問 | 金融商品銷售手續費 | 投資收入 |

目前根據銀行局 2018 年底的資料，經由淨值排名後，台灣最具規模的銀行為臺灣銀行。而上市櫃的銀行相關類股中，以中信金控旗下的中國信託商業銀行規模最大，位居第 2 名，其淨值達 2,957 億元、資產高達 3 兆 1,700 億元，存款餘額 2 兆 4,900 億元和放款餘額 1 兆 7,300 億元。

兆豐國際商業銀行與合作金庫商業銀行則位居第 3、4 名，第 5～10 名分別為第一商業銀行、國泰世華商業銀行、台北富邦銀行、華南商業銀行、玉山商業銀行與臺灣土地銀行（詳見表 2）。

在大概了解銀行業的獲利來源與模式過後，接下來將對上市櫃銀行類股進行分類，並大略介紹各銀行或銀行型金控的經營狀況和利基點。

類型1》9家銀行型金控

如前述所説，在台灣的金融股中以銀行股為最大宗，金控亦是銀行型金控為最多，目前上市櫃中，共有華南金（2880）、玉山金（2884）、元大金（2885）、兆豐金（2886）、台新金（2887）、永豐金（2890）、中信金（2891）、第一金（2892）和合庫金（5880）等9家銀行占業務比率較大的銀行型金控。

以官股、民營進行區分，以上9家金控，又可進一步分為4家官股銀行型金控：華南金、兆豐金、第一金和合庫金；5家民營金控：玉山金、元大金、台新金、永豐金及中信金。

其中，雖然元大金以證券龍頭聞名，但其銀行淨值略高於證券端，因此此處將其列為銀行型金控之一。以下分別揭露各金控近期的營運狀況和股利配發情形（詳見表3）。

類型2》11家純銀行股

目前在台灣股市中，有彰銀（2801）、京城銀（2809）、台中銀（2812）、台企銀、高雄銀（2836）、聯邦銀（2838）、遠東銀（2845）、安泰銀（2849）、王道銀行（2897）和上海商

表2 目前台灣淨值最高的銀行為臺灣銀行
——我國銀行規模排名

排名	銀行	淨值	資產	存款餘額	放款餘額
1	臺灣銀行	310,204	5,046,659	4,025,532	2,592,193
2	中國信託商業銀行	295,739	3,170,793	2,493,360	1,734,820
3	兆豐國際商業銀行	282,992	3,178,515	2,297,688	1,875,325
4	合作金庫商業銀行	209,930	3,290,559	2,729,888	2,071,710
5	第一商業銀行	205,160	2,842,875	2,163,827	1,697,046
6	國泰世華商業銀行	201,764	2,770,714	2,190,533	1,555,361
7	台北富邦銀行	185,799	2,443,596	1,798,179	1,248,868
8	華南商業銀行	184,624	2,643,976	2,158,202	1,641,059
9	玉山商業銀行	158,293	2,229,972	1,859,800	1,322,453
10	臺灣土地銀行	157,193	3,006,925	2,618,160	1,992,970

註：1. 單位為百萬元；2. 資料時間為 2018.12　　資料來源：銀行局

銀（5876）等 10 家上市銀行，以及在興櫃市場買賣的瑞興銀，總共 11 家純銀行股票掛牌，其中以公股的彰銀、台企銀，以及現行的金融股王上海商銀最受存股族的青睞與喜愛。

其中，王道銀行雖然領有傳統銀行執照，但實體分行數並不多，僅有 6 間，銀行與客戶多以數位金融方式進行交易，因此被視為台股中的類網銀概念股。

表3 2018年兆豐金發放現金股利1.5元

名稱（股號）		股價（元）	ROA 近 3 年平均（%）	ROE 近 3 年平均（%）	2018 年 EPS（元）
官股	華南金（2880）	19.30	0.53	8.23	1.26
	兆豐金（2886）	28.15	0.74	8.45	2.07
	第一金（2892）	21.30	0.62	8.53	1.40
	合庫金（5880）	19.50	0.44	7.29	1.24
民營	玉山金（2884）	24.00	0.73	10.27	1.58
	元大金（2885）	17.65	0.78	7.64	1.59
	台新金（2887）	14.25	0.75	8.21	1.09
	永豐金（2890）	11.55	0.55	6.49	0.84
	中信金（2891）	20.55	0.64	11.09	1.85

註：1. 股價為 2019.04.10 收盤價；2.ROA（資產報酬率）近 3 年平均及 ROE（股東權益報酬率）近 3 年平均為 2016 年～ 2018 年財務數字；3. 近 3 年現金及股票股利為發放年度，例如 2019 年玉山金現金股利為 0.71 元，其來源為 2018 年獲利

──銀行型金控近3年營運及股利配發狀況

近 3 年股利發放狀況（元）			
項目	2017 年	2018 年	2019 年
現金	0.70	0.50	未公布
股票	0.50	0.45	未公布
現金	1.42	1.50	未公布
股票	0.00	0.00	未公布
現金	1.20	0.90	未公布
股票	0.20	0.10	未公布
現金	0.75	0.75	0.75
股票	0.30	0.30	0.30
現金	0.49	0.61	0.71
股票	0.74	0.61	0.71
現金	0.45	0.55	0.90
股票	0.00	0.00	0.00
現金	0.00	0.54	未公布
股票	0.43	0.44	未公布
現金	0.34	0.50	0.64
股票	0.35	0.20	0.00
現金	1.00	1.08	未公布
股票	0.00	0.00	未公布

資料來源：公開資訊觀測站、財報狗

| 表4 | **2019年上海商銀發放現金股利2元** |

名稱（股號）		股價（元）	ROA 近 3 年平均（%）	ROE 近 3 年平均（%）	2018 年 EPS（元）	
官股	彰銀（2801）	18.40	0.61	8.46	1.29	
	台企銀（2834）	12.10	0.38	7.68	1.19	
	高雄銀（2836）	9.62	0.20	3.90	0.47	
民營	京城銀（2809）	33.00	1.69	12.59	2.51	
	台中銀（2812）	11.25	0.57	8.54	1.18	
	聯邦銀（2838）	10.70	0.49	6.55	1.02	
	遠東銀（2845）	11.30	0.55	7.53	1.24	
	安泰銀（2849）	14.10	0.58	5.61	1.26	
	王道銀行（2897）	7.95	0.43	4.87	0.40	
	上海商銀（5876）	48.90	0.96	10.07	3.37	
	瑞興銀（5863）	11.45	0.23	3.66	0.62	

註：1. 股價為 2019.04.10 收盤價；2.ROA（資產報酬率）近 3 年平均及 ROE（股東權益報酬率）近 3 年平均為 2016 年～ 2018 年財務數字；3. 近 3 年現金及股票股利為發放年度，例如 2019 年上海商銀現金股利為 2 元，其來源為 2018 年獲利

──純銀行股近3年營運及股利配發狀況

近 3 年股利發放狀況（元）			
項目	2017 年	2018 年	2019 年
現金	0.42	0.45	未公布
股票	0.50	0.40	未公布
現金	0.10	0.27	0.30
股票	0.30	0.40	0.50
現金	0.60	0.13	0.11
股票	0.00	0.37	0.39
現金	1.50	1.50	1.50
股票	0.00	0.00	0.00
現金	0.55	0.45	0.28
股票	0.17	0.25	0.52
現金	0.45	0.40	0.00
股票	0.00	0.30	0.70
現金	0.42	0.44	0.45
股票	0.23	0.27	0.27
現金	0.60	0.60	未公布
股票	0.00	0.00	未公布
現金	0.00	0.54	0.00
股票	0.43	0.44	0.00
現金	1.50	1.80	2.00
股票	0.00	0.00	0.00
現金	0.13	0.44	0.21
股票	1.25	0.00	0.21

資料來源：公開資訊觀測站、財報狗

上述 11 家銀行，亦可用官股、民營來分類，具有官股色彩的上市銀行為彰銀、台企銀和高雄銀（高雄市政府），而民營的純銀行股則有京城銀、台中銀、聯邦銀、遠東銀、安泰銀、王道銀行、上海商銀及瑞興銀。表 4 分別揭露各銀行近期的營運狀況和股利配發情形。

細究官股、民營銀行或金控的不同之處，在於股民對公司的信賴程度，像第一金、華南金和彰銀等官股銀行金控，因有官方色彩與持股，股民普遍對其營運較信任，相較於民營銀行，一般認為官股銀行更加不會倒，因此官股金控和銀行的股價和本益比也大多較民營高。

除了官股、民營的不同外，一般在檢視銀行經營效率時，因為其行業特性，銀行的資產往往相當龐大，因此，相較於 ROE（股東權益報酬率），在觀察銀行經營成效時，會更注重在 ROA（資產報酬率）上。

純網路銀行時代來臨 搶先關注3陣營

你是否常被「網路銀行」、「數位銀行」或「純網路銀行」,這些金融科技有關的專有名詞搞得一頭霧水?去開戶的時候,行員都會問說:「要不要順便開啟網路銀行的功能?」

究竟這些網路銀行與中華電信、line、樂天,欲設立的純網路銀行有什麼關聯和差異?而網銀又是如何發展和演進,未來實體銀行是否會消失,被網路銀行取代?以及若想跟上潮流,投資純網路銀行,可以先關注哪些公司呢?接下來就為你揭開「網路銀行」的神祕面紗!

純網路銀行無實體分行,降低成本再回饋客戶

網路銀行,據定義為透過電腦或相關網路裝置,使銀行客戶可遠端登入金融帳戶,從事金融相關行為。至於純網路銀行,根據金管

表1 2018年10月金管會開始受理純網路銀行申請
——純網路銀行發展大事紀

年度	大事紀
1995 年	第 1 家純網路銀行「Security First Network Bank」在美國成立
1995 年～2001 年	Dot-com 網路泡沫時期，全美有超過 500 家純網路銀行成立
2000 年	日本首家純網路銀行「Japan NetBank」成立
2000 年底	網路泡沫後，美國僅剩下 50 家純網路銀行存活
2015 年	中國純網路銀行「微眾銀行」、「網商銀行」成立
2018 年 10 月	台灣金管會受理純網路銀行申請
2019 年 6 月	台灣公布 2 家取得最後資格的純網路銀行陣營

資料來源：金管會「開放純網路銀行設立之可行性研究」報告

會在 2018 年所發布的「開放純網路銀行設立之可行性研究」報告，純網路銀行為網路銀行概念的一環，其完全沒有實體分支機構、沒有任何營業據點，僅透過電腦、行動裝置、ATM 與電話等途徑提供銀行服務，與傳統銀行完全分離，本身具備獨立法人資格的銀行（詳見表 1）。

有別於傳統銀行，純網路銀行第 1 項優勢在於因為沒有「實體分行」，因此在營運上可省下不少成本，並以現金回饋、放貸利率或刷卡優惠等方式來回饋給客戶；第 2 項優勢是因藉由手機、電腦等

表2		

純網路銀行隨時隨地都能進行交易，十分便捷
——純網路銀行優勢vs.劣勢

優勢	劣勢
1. 成本降低，增加客戶的回饋 2. 隨時隨地都能進行金融交易 3. 減少紙張使用，更加環保 4. 藉由金融科技蒐集與分析客戶資訊， 　　提升使用體驗	1. 易有盜領和盜刷等資安問題 2. 與客戶互動降低，掌握度下降 3. 客戶目前對純網路銀行信任度仍 　　不足

網路設備進行金融交易，純網路銀行的客戶在使用上能更加便捷，24 小時都能進行交易預排和確認帳戶狀況；第 3 項優勢則在銀行運營的效率效能上，純網路銀行可減少支票存單等紙張上的使用，更加環保；4. 能靠金融科技工具來蒐集與分析客戶資訊，提升客戶的金融使用體驗（詳見表 2）。

　　至於劣勢，首先是來自於網路工具應用所帶來的資安風險，因為多透過手機等工具進行交易，可能會發生駭客盜取資料、盜領、盜刷等事件；再者，因為科技的應用，使得人與人之間關係日漸薄弱，良好客戶互動不復存在，銀行對於客戶財務數據以外的個人資訊掌握度下降；最後，則是因網路銀行多以科技為主，降低客戶和行員間的接觸，因此目前客戶對於純網路銀行的信任度仍不足，但在銀行業大力宣傳和科技逐漸發展後，信任度問題可望改善。

比較數位帳戶、網路銀行與純網路銀行差異

在純網路銀行之外，現行許多的傳統銀行已有網路銀行和數位帳戶的功能，傳統網路銀行即是一般所稱之行動銀行，即實體帳戶的延伸，數位帳戶則為網路申請的非實體帳戶，無實體存摺且 24 小時皆可申請辦理和申請進行交易業務（詳見表 3）。

兩者皆不須親赴銀行辦理業務，但是服務內容與傳統銀行並無區別，大致和傳統銀行一樣，最大的差別在於網路銀行和數位帳戶有交易金額的上限。

而前述所說的純網路銀行和數位帳戶，最大差別在於資格和定義上的不同，數位帳戶是由傳統銀行所架設，存戶透過網路申請的無實體帳戶，而純網路銀行則是百分之百沒有實體銀行，業務、交易及營運皆透過網路連線完成。

純網路銀行金融業持股須達40%以上

2018 年 10 月，台灣金管會開始受理純網路銀行的申請，金管會要求純網路銀行的資本額要 100 億元以上，且只計畫開放 2 張銀行執照，須由金融業持股 40% 以上。

表3	純網路銀行功能與傳統銀行無異，但僅能網路交易

——數位帳戶vs.網路銀行vs.純網路銀行

項目	數位帳戶	網路銀行	純網路銀行
交易方式的差異	傳統銀行所設，與實體分行無異，線上進行開戶，無實體存摺	為實體帳戶的延伸，由分行交易轉為網路交易	百分之百無實體分行，純粹以網路進行交易
功能	與分行功能無異，差別在交易金額上限	與分行功能無異，差別在交易金額上限	功能皆如同傳統銀行

　　金管會對於資本額和家數的限制，主要有 2 點考量：1. 維持商業銀行的設立標準資本額 100 億元，以強化網路銀行的風險承擔能力和保障存款人之權益；2. 有鑑於現行銀行業存在過度競爭的情形，因此此次開放純網路銀行申請，僅開放 2 家，避免新興的純網路銀行與現有銀行互相競爭、維持金融市場的穩定。

　　在開放申請後，台灣共有 3 組陣營投入純網路銀行的申請，分別是由中華電（2412）所主導的國家隊、社群通訊軟體 line 所主導的陣營，以及由國票金（2889）和日本樂天所組的台日聯盟，金管會將在 2019 年 6 月宣布由哪 2 組陣營，取得最後資格。

　　以下將對此 3 組陣營進行拆解、分析，以了解各組陣營的優勢，以及純網路銀行相關概念股。

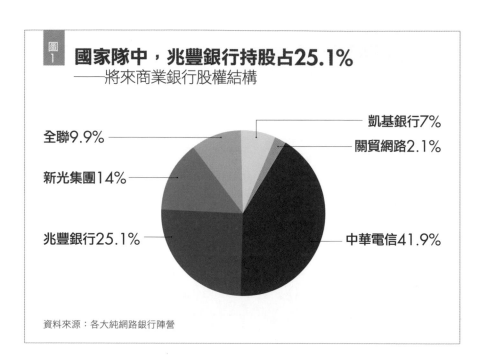

圖1

國家隊中，兆豐銀行持股占25.1%
——將來商業銀行股權結構

凱基銀行7%
關貿網路2.1%
全聯9.9%
新光集團14%
兆豐銀行25.1%
中華電信41.9%

資料來源：各大純網路銀行陣營

第1組》國家隊：將來商業銀行（Next Bank）

　　國家隊是由中華電為首，持股達41.9%；第2大股東則為兆豐金（2886）旗下的兆豐銀行，持股25.1%，將來商業銀行股權結構最為多元，股東還包括新光集團持股14%（新光金（2888）持股12%、大台北（9908）及新保（9925）各1%）、全聯則持有9.9%、開發金（2883）旗下的凱基銀行占7%及關貿（6183）擁2.1%股權，兼具金融、電信、零售通路等3大支柱而成（詳見圖1）。

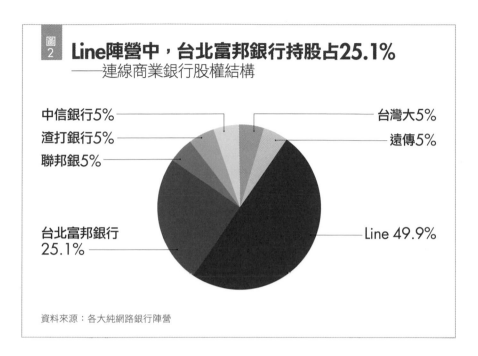

圖2 **Line陣營中,台北富邦銀行持股占25.1%**
──連線商業銀行股權結構

中信銀行5%
渣打銀行5%
聯邦銀5%

台灣大5%
遠傳5%

台北富邦銀行
25.1%

Line 49.9%

資料來源:各大純網路銀行陣營

第 2 組》Line 陣營:連線商業銀行(Line Bank)

連線商業銀行(Line Bank)是由知名通訊軟體 Line 為首,旗下的台灣連線金融科技持股 49.9%,並結盟富邦金(2881)旗下的台北富邦銀行持股 25.1%,其餘股東則有聯邦銀(2838)持股 5%、外資渣打銀行持股 5%、中信金(2891)旗下的中信銀行持股 5%,而電信業者台灣大(3045)與遠傳(4904)分別各持股 5%,其股東陣容也是十分堅強,並且以通訊、金融等 2 大族群為主(詳見圖2)。

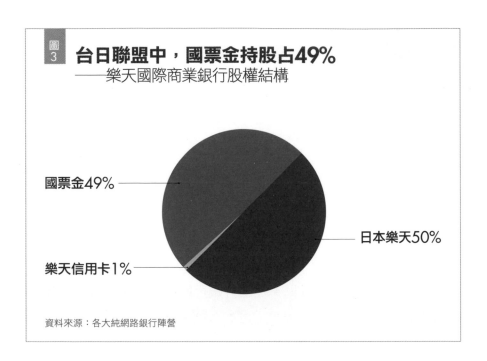

圖3 **台日聯盟中，國票金持股占49%**
──樂天國際商業銀行股權結構

國票金49%

日本樂天50%

樂天信用卡1%

資料來源：各大純網路銀行陣營

第3組》台日聯盟：樂天國際商業銀行

　　樂天國際商業銀行則是以日本樂天持股50%、樂天信用卡持股1%，國票金持股49%為第2大股東，股東結構相對單純（詳見圖3）。但在純網路銀行的領域，日本樂天銀行已有18年以上的經營經驗，對於搶下台灣純網路銀行的新牌照，可說是來勢洶洶。

　　不論最後是由哪2組陣營取得寶貴的2張純網路銀行執照，由金融發展的軌跡可見，金融科技是金融業未來勢在必行的一條道路。

表4 純網路銀行概念股涵蓋金融、通訊、電信等族群
——台股純網路銀行概念股

申請中的純網路銀行	相關概念股
將來商業銀行（Next Bank）	中華電（2412）、兆豐金（2886）、新光金（2888）、大台北（9908）、新　保（9925）、開發金（2883）、關　貿（6183）
連線商業銀行（Line Bank）	富邦金（2881）、聯邦銀（2838）、中信金（2891）、台灣大（3045）、遠　傳（4904）
樂天國際商業銀行	國票金（2889）

　　身為一個與時俱進的股民，在進行銀行股或其他金融股操作時，也須時刻關心相關的金融創新，以免自己所投資的產業或公司被淹沒在創新的浪潮之中（詳見表4）。虛擬愈進步，實體銀行所面臨的挑戰就愈大，能生存的空間也愈小。

檢視財報及4大指標
篩出高獲利、低風險標的

2-3

存銀行股時，篩選重點除了殖利率與股息高低外，銀行在經營上的安全性也相當重要。一般認為銀行業是通過政府監管並許可，才可經營的特許行業，因此，投資人普遍認為銀行的安全性高、倒閉機率低，甚至有部分的人認為銀行大到不能倒，絕不會有倒閉風險。

但回顧台灣銀行史，雖沒有銀行真的倒閉，但也曾出現像東企、中興銀和中華銀等掏空和存戶擠兌的事件，最後雖都有政府出面收拾殘局，協調由其他銀行概括承受資產負債及營運，未放任銀行倒閉，但股東仍然損失巨大，且驗證了銀行並非百分之百安全，在股票投資上仍存在一定的風險。

用4大指標掌握銀行經營穩健度

在檢視銀行業資產體質與安全性時，一般會由代表其資產品質指

圖1 **資本適足率代表銀行經營的冒險程度**
——檢視銀行經營穩健度4大指標

1 資本適足率 ｜ 銀行經營的冒險程度

2 逾期放款比率 ｜ 可能收不回來的錢

3 備抵呆帳覆蓋率 ｜ 為收不回來的錢做準備

4 存放款比率 ｜ 檢視銀行經營的流動性

標的資本適足率（詳見名詞解釋）、逾期放款比率、備抵呆帳覆蓋率及代表流動性的存放款比率，由這4大指標檢視銀行經營穩健程度，以下將說明各項指標的來源和意義（詳見圖1）：

指標1》資本適足率＝自有資本／風險性資產總額×100%

白話來説，資本適足率就是在定義銀行業冒險的程度，其目的在避免銀行操作過多的風險性資產（詳見名詞解釋），以確保銀行的財務健全性。此比率愈高代表愈保守、愈低則愈冒險，為求保守健

全，資本適足率取高者為宜。

指標 2》逾期放款比率＝逾期放款／總放款 ×100%

逾期放款用最白話的方式來講，就是收不回來的錢，也就是大家常聽到的「呆帳」，是指銀行逾期放款占總放款的比率。逾期放款比率愈低，代表逾期放款占比愈少，也就是收不回來的錢占比小，所以該銀行的資產品質相對佳。

指標 3》備抵呆帳覆蓋率＝備抵呆帳／逾期放款 ×100%

呆帳覆蓋就是指銀行為了收不回來的錢所做的準備，比率愈高代表該銀行為逾期放款所提列的準備金愈高，未來也愈有能力處理逾期放款。若呆帳真無法收回，比率高的銀行受到的影響也就較小，因此，備抵呆帳覆蓋率取高者佳。

$ 名詞解釋

資本適足率

銀行自有資本淨額除以其風險性資產總額而得的比率。我國《銀行法》規定，銀行的資本適足比率必須達到 8%，目的在避免金融機構操作過多的風險性資產，以確保銀行經營的安全性及財務健全性。

風險性資產

銀行的資產主要是各種貸款，各種資產牽涉的風險程度不一，例如一般貸款的風險，就高於住宅抵押貸款。銀行不同類別的資產有其風險權數（risk weighting），將風險權數乘以各類資產的帳面值，可算出銀行的風險性資產。

指標 4》存放款比率＝銀行放款／銀行存款 ×100%

存放款比率，就字面上來看，就是指銀行所收到的存款用於放款的比率，即銀行總放款金額占總存款金額之比率。存放款比率是衡量銀行流動性風險的指標，存放款比率值通常小於 1，此比率愈高，代表銀行的資產流動性愈低、流動性風險愈高，但過低則表示銀行放款能力不佳，恐有「爛頭寸」之問題，資金無法有效運用。

我國銀行局會定期發布資本適足率、逾期放款比率與備抵呆帳覆蓋率等 3 項指標數據，股民們只須上銀行局的網站查詢，即可快速掌握銀行的資產健全度和經營狀況（詳見圖解教學❶、❷）。

存放款比率的部分，因銀行局未公布統計資料，投資人可自行上銀行局網站查詢存放款餘額資料，並依照指標 4 的公式計算。

用4大財務報表觀察銀行經營績效

除了以上能從銀行局取得的指標數據外，投資人也能從銀行的 4 大財務報表，資產負債表、綜合損益表、權益變動表及現金流量表等，檢視銀行經營的穩健度及績效。在檢視穩健度上，可從銀行的收入來源和放款對象，來觀察銀行的收入穩定程度，以及對外放款的穩定性。

　　對於銀行來說，最重要的收入來源非「利差收入」莫屬，因此在檢視銀行財報時，利差收入的成長與否，會是觀察的第 1 個重點。除利差收入以外，銀行另外仍有其他像是手續費、投資收益或經紀等收入來源，就如 2-1 所說，此類非傳統利差收入若占比愈高，且有上升的趨勢，表示銀行創新能力較強，對於傳統利差收入的仰賴度較低，銀行的未來成長展望亦較佳，這部分是在觀察銀行財報時的第 2 個重點。

　　以聯邦銀（2838）的綜合損益表為例（詳見圖 2）：1. 利差收益在 2018 年（107 年度）就呈現增加的情況，從上一年的 65 億 9,000 萬元增加到 67 億元；2. 非利差收益在 2018 年為 60 億 3,100 萬元（127 億 3,200 萬元－67 億 100 萬元），而在 2017 年（106 年度）則為 58 億 8,000 萬元（124 億 7,100 萬元－65 億 9,100 萬元），非利差收益有明顯上升。此外，非利差收益在 2018 年的收益占比 47.3%，亦較 2017 年的 47.14% 微幅上升。

法定盈餘公積是否大於股本，影響股利的配發

　　在了解如何應用指標檢視銀行經營穩健度和收入來源後，接著我們要來談談存股族們最關心的「股利政策」！根據《銀行法》規定，

聯邦銀2018年非利差收入較2017年微幅增加
——聯邦銀（2838）2017～2018年合併綜合損益表

代碼		107年度 金額	%	106年度 金額	%	變動百分比（%）
	利息淨收益（附註四、三六及四七）					
41000	利息收入	$ 10,987,708	86	$ 10,268,804	82	7
51000	利息費用	4,285,920	33	3,677,756	29	17
49010	利息淨收益合計	6,701,788	53	6,591,048	53	2
	利息以外淨收益					
49100	手續費淨收益（附註四、三七及四七）	2,422,852	19	2,298,017	18	5
49200	透過損益按公允價值衡量之金融資產及負債淨利益（附註四及三八）	223,068	2	356,479	3	(37)
49300	備供出售金融資產之已實現淨利益（附註四、三九及四七）	-	-	830,130	7	(100)
49310	透過其他綜合損益按公允價值衡量之金融資產已實現利益（附註四及四十）					
49750	採用權益法之關聯企業損益之份額（附註四及十九）	(9,636)	-	(326)	-	2,856
49600	兌換損益（附註四）	464,241	4	(159,723)	(1)	391
49700	資產減損損失（附註四及四一）	(33,589)	-	(799)	-	4,104
49805	以成本衡量之金融資產淨利益（附註四）	-	-	57,416	-	(100)
49831	證券經紀收入淨額（附註四）	208,334	1	203,732	2	2
49851	租賃收入（附註四）	2,254,083	18	2,231,092	18	1
49899	其他利息以外淨利益	57,481	-	64,299	-	(11)
4xxxx	淨收益	12,732,321	100	12,471,365	100	2
58200	呆帳費用、承諾及保證責任準備提存（附註四、五、十三、十四、十五及三二）	293,579	2	356,861	3	(18)

（接次頁）

> 可以比較前後年度淨收益中的利息淨收益和非利息淨收益所占比率，來了解銀行經營與獲利狀況

註：金額單位為千元　　資料來源：公開資訊觀測站

銀行在配息上是有限制的，讓我們先來看看《銀行法》第 50 條怎麼說：

「銀行於完納一切稅捐後分派盈餘時，應先提 30% 作為法定盈餘公積；法定盈餘公積未達資本總額前，其最高現金盈餘分配，不得超過資本總額之 15%。銀行法定盈餘公積已達其資本總額時，或財務業務健全並依《公司法》提法定盈餘公積者，得不受前項規定之限制，除法定盈餘公積外，銀行得於章程規定或經股東會決議，另提特別盈餘公積。」

文謅謅的法條中，隱藏著什麼樣的重大資訊呢？簡單來說，就是銀行賺錢時，必須先提撥 30% 作為盈餘公積，只有 70% 可以拿出來發股利，且在「法定盈餘公積」未達到資本總額（股本）時，只能以股本的 15% 作為現金盈餘分配的上限。

這也就是為什麼常常看到銀行賺了很多錢，但每股只能配 1.5 元現金股利（資本總額 15%），換言之，若法定盈餘公積達到資本總額，則可以就該年度的盈餘做更多的分配（詳見圖 3）。

以上海商銀（5876）在 2019 年的股利政策為例，就突破了不得大於股本 15%（每股 1.5 元）的上限，從上海商銀的資產負債表

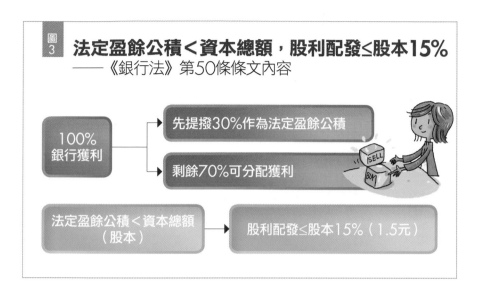

圖3 **法定盈餘公積＜資本總額，股利配發≤股本15%**
—— 《銀行法》第50條條文內容

100%
銀行獲利

→ 先提撥30%作為法定盈餘公積

→ 剩餘70%可分配獲利

法定盈餘公積＜資本總額
（股本）

→ 股利配發≤股本15%（1.5元）

能看到，其法定盈餘公積高於股本，因此可突破股本 15% 與盈餘分配率小於 70% 的限制，每股配發 2 元現金股利（詳見圖 4）。

因此，在投資銀行股前，也不妨看看財報的法定盈餘公積是否大於股本，用以檢視銀行配發股息的能力，以求更高的股利與殖利率水準。幸運的話，還能抓到像上海商銀一樣因配息增加而上漲的銀行股。

總之，比起一般企業的財報，銀行、壽險等金融機構的財報因為牽涉到金融法規、金融工具、複雜的金融商品、會計原則、業務型

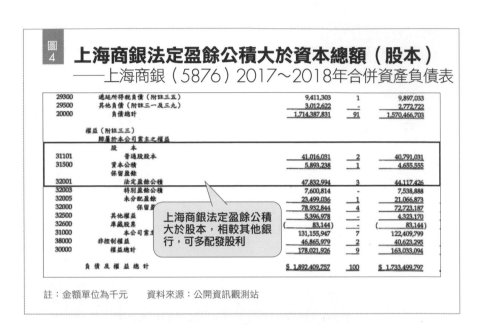

圖4 上海商銀法定盈餘公積大於資本總額（股本）
——上海商銀（5876）2017～2018年合併資產負債表

29300	遞延所得稅負債（附註三五）	9,411,303	1	9,897,033
29500	其他負債（附註三一及三九）	3,012,622	-	2,772,722
20000	負債總計	1,714,387,831	91	1,570,466,703
	權益（附註三三）			
	歸屬於本公司業主之權益			
	股　　本			
31101	普通股股本	41,016,031	2	40,791,031
31500	資本公積	5,893,238	1	4,655,555
	保留盈餘			
32001	法定盈餘公積	47,832,994	3	44,117,426
32003	特別盈餘公積	7,600,814	-	7,538,888
32005	未分配盈餘	23,499,036	1	21,066,873
32000	保留盈餘	78,932,844	4	72,723,187
32500	其他權益	5,396,978	-	4,323,170
32600	庫藏股票	(83,144)	-	(83,144)
31000	本公司業主	131,155,947	7	122,409,799
38000	非控制權益	46,865,979	2	40,623,295
30000	權益總計	178,021,926	9	163,033,094
	負債及權益總計	$ 1,892,409,757	100	$ 1,733,499,797

> 上海商銀法定盈餘公積大於股本，相較其他銀行，可多配發股利

註：金額單位為千元　　資料來源：公開資訊觀測站

態和多樣化投資等因素，財報往往更加複雜，使得銀行股變得難以理解。但是，只要掌握好銀行股的獲利來源及經營上的風險指標，將銀行財報化繁為簡，進而選擇獲利穩健且營運安全的銀行股進行投資，相信投資人都會有不錯的獲利！

圖解教學❶　查詢銀行資本適足率

欲查詢銀行資本適足率數據，可參考銀行局所揭露之資料。首先，進入銀行局網站首頁（www.banking.gov.tw/ch/index.jsp），點選上方選單的❶「金融資訊」，展開下拉式選單後，再點選❷「金融統計」。

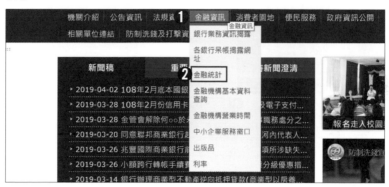

進入下一個頁面後，點選❶「金融服務業一般經營概況及效益指標」，前往下載資料的頁面。

編號	標題	發布日期
1	統計資料庫動態查詢系統	2019-03-15
2	當期電子書	2019-03-15
3	金融統計指標（108年1月版）	2019-03-15
4	基本金融資料（107年第4季）	2019-02-15
5	金融業務統計輯要（108年1月版）	2019-03-15
6	本國銀行逾期放款及應予觀察放款	2019-04-02
7	本國銀行資產報酬率、淨值報酬率	2019-03-15
8	本國銀行自有資本與風險性資產之比率	2019-03-29
9	信用卡業務統計	2019-03-28
10	自動化服務機器概況	
11	金融機構財務統計	2019-03-15
12	進出口信用狀金額統計	2019-03-22
13	縣市別金融統計	2019-03-15
❶ 15	金融服務業產值占GDP之比率	2019-02-13
	金融服務業一般經營概況及效益指標	2019-03-15

接續
下頁

STEP 3 進入下一個頁面後，點選❶「本國銀行之資本適足率」右方下載按鍵，即可得到相關資料。

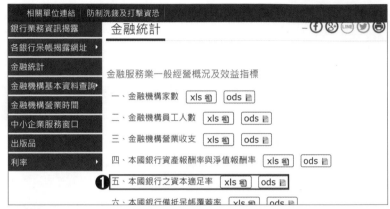

資料來源：銀行局

圖解教學❷ 查詢銀行逾期放款比率、備抵呆帳覆蓋率

STEP 1 欲查詢關於銀行經營穩健度的逾期放款比率和備抵呆帳覆蓋率，可查詢銀行局所揭露之資料，先進入銀行局網站首頁（www.banking.gov.tw/ch/index.jsp），點選上方選單的❶「金融資訊」，展開下拉式選單後，點選❷「銀行業務資訊揭露」。

進入下一個頁面後，點選❶「本國銀行逾放等財務資料揭露」，前往下載資料的頁面。

5	金融機構董監事及大股東持股質押資訊揭露	2019-02-27
6	金融機構出售不良債權相關表報表	2019-01-22
7	銀行及信合社警示帳戶辦理情形	2019-01-10
8	信用合作社逾放等財務資料揭露	2018-03-27
9	外國銀行逾放等財務資料揭露	2019-03-21
❶ 10	本國銀行逾放等財務資料揭露	2019-04-02
11	現金卡重要業務及財務資訊揭露	2019-03-28
12	信用卡重要業務及財務資訊揭露	2019-03-28

機關介紹　公告資訊　法規資訊　金融資訊　消費者園地　便民服務　政府資訊公開　業務主題專區　相關單位連結　防制洗錢及打擊資恐

進入下一個頁面後，依照❶各個年度點選欲查詢月份，即可下載相關資料。

機關介紹　公告資訊　法規資訊　金融資訊　消費者園地　便民服務　政府資訊公開　業務主題專區　相關單位連結　防制洗錢及打擊資恐

金融資訊

銀行業務資訊揭露
各銀行呆帳揭露網址
金融統計
金融機構基本資料查詢
金融機構營業時間
中小企業服務窗口
出版品
利率

回首頁　金融資訊　銀行業務資訊揭露

銀行業務資訊揭露 — Ｆ ⊗ ⑧ LINE ⑨ 🖨 ⊙回上頁

本國銀行逾放等財務資料揭露

📅 2019-04-02

❶

108年度	1	2											
107年度	1	2	3	4	5	6	7	8	9	10	11	12	(PDF,Excel)
106年度	1	2	3	4	5	6	7	8	9	10	11	12	(PDF,Excel)
105年度	1	2	3	4	5	6	7	8	9	10	11	12	(PDF,Excel)
104年度	1	2	3	4	5	6	7	8	9	10	11	12	(PDF,Excel)
103年度	1	2	3	4	5	6	7	8	9	10	11	12	(PDF,Excel)
102年度	1	2	3	4	5	6	7	8	9	10	11	12	(PDF,Excel)
101年度	1	2	3	4	5	6	7	8	9	10	11	12	(PDF,Excel)
100年度	1	2	3	4	5	6	7	8	9	10	11	12	(Excel)
	1	2	3	4	5								(PDF)
99年度	1	2	3	4	5	6	7	8	9	10	11	12	(Excel)
								8	9	10	11	12	(PDF)

資料來源：銀行局

每月1萬元存銀行股
比放銀行定存多賺1倍

2-4

金融股屬於特許行業，受到政府機構的高度監管，跟許多中小型股票來比較，相對不容易倒閉、不容易掏空，加上股價不會像許多成長股或景氣循環股一樣大起大落，深受許多存股族的青睞。而在金融股各個子分類之中，可作為首選的存股標的就是以存放款為主要收益來源的銀行股。

因為以存放款為主的銀行股（包括以銀行為主的金控或獨立銀行），其收入來源是由眾多一般存戶、法人戶點滴累積而成，每天都有人存款、每天都有人需要跟銀行借錢、每天都會有人刷信用卡消費，如同螞蟻雄兵般為銀行累積起營收與獲利。

許多電子公司可能因為產品推陳出新，新科技取代舊科技而失去競爭力，面臨衰退或倒閉的風險，例如宏達電（2498）就從最高1,300 元股價，跌到最低 30.05 元。

但是銀行存放款是自古以來即有的需求，需求不會消失、只有形式會改變，例如從紙本作業演進到網路作業、手機 App 作業的差別；加上銀行是特許行業，需要政府允許才能成立，不容易突然出現競爭者，倒閉的機會相對大幅降低，最多就是合併，合併後投資者手中的股份仍可以換到合併新銀行的股票，所以不會有影響。

「你敢把錢存在銀行，為何不敢把錢投資銀行？」這句話，道出銀行股讓人信賴的地方，存股最怕就是存股標的倒閉，或是無法領到股息。

但以存放款業務與手續費收入為主的銀行股，倒閉風險低，又不易受到景氣波動影響，每年多能配出現金股利，存股族就能每年拿到配息，若配息再投入就有複利的效果。

銀行股殖利率約3%～5%，高於定存利率

這 10 年間銀行 1 年期定期儲蓄（固定利率）約在 1.07% ～ 1.38%，微薄的利息收入很可能都被通膨吃光光。但是，銀行股的殖利率約在 3% ～ 5% 左右，比起利息高出許多。

把錢存在銀行，不如存銀行股！如果過去 10 年來，你把錢存在

銀行股的股票，現在你的資產會比存在銀行多了將近 1 倍半！

試算給你看。若從 10 年前，2009 年 1 月每個月定存 1 萬元到銀行，我們簡化這 10 年來定存利率平均為 1.25%，持有到 2018 年 12 月底，你的本金加利息最後會累積成為 127 萬 8,848 元。

但是，如果你從 10 年前，2009 年 1 月開始，每個月定存 1 萬元到玉山金（2884），雖然股價上上下下，每年配股配息也不相同，持有到 2018 年 12 月底，你的本金加上配股配息最後會累積成 300 萬 6,204 元（詳見圖 1）。

《Smart 智富》月刊 247 期〈封面故事〉主角陳小罐，是個國中畢業的黑手，多年來只靠著存 1 檔銀行股──第一金（2892），2018 年存到 702.2 張，領了 77 萬元股利，等於每個月為自己加薪 6 萬 4,000 元。

第一金的股價大約在 21.2 元（2019.04.03），以 702.2 張計算，市值高達 1,488 萬多元。但其實因為第一金每年有配息及配股，陳小罐把每年領到的配息再投入，加上股利的累積，實際上，陳小罐這 12 年透過儲蓄所投入存股的資金僅有 825 萬元，只須 55% 的資金，這就是存股複利效果的驚人之處。

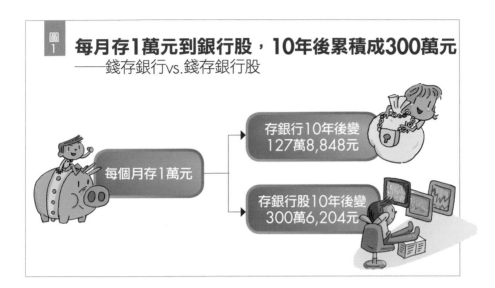

圖1 **每月存1萬元到銀行股，10年後累積成300萬元**
—— 錢存銀行vs.錢存銀行股

每個月存1萬元

存銀行10年後變
127萬8,848元

存銀行股10年後變
300萬6,204元

2步驟存到100張銀行股

　　想像陳小罐一樣透過存股，每年為自己加薪嗎？你是否好奇，這會很難嗎？有辦法達成嗎？我們先以存 100 張銀行股為目標，帶你一步步操作，如何存到第 1 個 100 張銀行股！

　　首先，我們要先決定要存哪一檔銀行股，國內上市櫃的銀行股中，共有 9 家銀行型金控、11 家純銀行股，算是金融次類股最龐大的類別。對存股族來說，也有不少好的標的可以選擇，但是該如何選擇呢？

步驟 1》3 條件篩選出銀行股資優生

要怎麼挑選合適的銀行股來存股呢？可以下列 3 條件來篩選：

條件 1》挑選不會倒的公司

要長期存股，最重要的就是公司不能倒閉，一旦公司倒閉股票就會變成壁紙，投資付諸流水。

大多數的銀行股其實已經相對十分安全，但是如果想要只買不賣，當成傳家寶般地持續買進存股，需要對所持有的標的有高度信賴。若要比較銀行股中，誰比較不會倒的話，官股銀行比民營銀行安全，而大型金控底下的銀行又比中小型獨立銀行更穩健，投資個性非常保守的存股族，可以優先挑選官股與以金控上市的銀行股。

條件 2》EPS 至少 1 元以上且獲利穩定

銀行需求雖然自古即有，但是每家銀行仍有經營效率的差別，要找一檔可以長相廝守的股票來存，最好是獲利穩定的銀行股資優生，才可能每年「下金雞蛋」。

國內 20 家上市櫃銀行股 2018 年的每股稅後盈餘（EPS）從 0.4 元到 3.37 元，每股獲利能力最好與最差的銀行相差 7 倍，建議挑選存股標的時，最好找 EPS 達到 1 元以上的銀行股。

一旦金融海嘯再次來襲，體質佳的銀行在景氣蕭條時，較有空間可以承受衝擊，若 EPS 只是在 0.2 元～ 0.5 元載浮載沉，代表經營體質相對同業偏弱，較不適合存股。

篩掉 1 元以下的銀行股之後，存股投資人還可以再檢視過去最少 3 年的 EPS 數字，EPS 愈穩定愈好，若有小幅成長則更好。

條件 3》配息穩定

存股的目的是為了能每年領取源源不斷的現金股利，當企業每年都有獲利，又願意配發出現金股利給投資人，存股族每年就有一筆現金流入袋。

而過去 3 年位於景氣向上的循環，應該每年要配發現金股利，若有銀行 1 年賺錢、1 年賠錢，導致 1 年有配息、1 年沒有配息，對存股族來説，都是不合格的標的。

提醒投資人，股利分為現金股利與股票股利，股票股利對存股族來説，有優點也有缺點；先來説優點，當投資人取得股票股利可以加快存股的數量，對於在累積存股數量的人來説，非常有利。

但缺點是，配發股票股利代表股本會增加，來年的獲利必須增加

表1 股票股利會讓股本變大，適用成長型公司
——股票股利vs.現金股利

股票股利	現金股利
1. 營運資金不變 2. 股本變大 3. 適用業績成長的公司	1. 營運資金減少 2. 股本不變 3. 適用業績成熟的公司

更快，否則 EPS 就會縮水，當存股張數達到一定水位、希望開始享受現金流的存股族，就不適合挑選這種標的（詳見表 1 及 tips）。

因此，想挑選有配發股票股利的標的，最好能判斷該銀行是否能有持續成長的力道。

 tips

現金股利與股票股利

當我們買進股票成為這家公司的股東後，公司將去年度所賺的盈餘回饋給股東，型式有2種，一種是現金股利，一種是股票股利。

股票股利又稱股子，是指企業盈餘以股票的形式發放給股東，當公司發放股票股利時，叫做「除權」，公司會將配發的股票股利直接匯到你的集保帳戶；現金股利又稱股息，是企業盈餘以現金的形式發放給股東，當公司發放現金股利時，叫做「除息」，公司將會直接匯到你的股票買賣的銀行帳戶。

由於配發股票股利會增加股本，因此適合成長型公司，當企業成長速度超過股本擴增速度，投資人有了股子股孫加持，累積獲利會更快速；而配發現金股利的公司，適合成熟型公司，企業不需要太多現金，即能穩定獲利，投資人可以每年獲得穩定的現金收入。

表2　第一金過去3年平均殖利率達4.8%

——10檔熱門銀行股資優生

名稱	股號	2019.04.03 收盤價（元）	過去3年 平均EPS	過去3年 平均股息	過去3年 平均殖利率
台中銀	2812	11.35	1.12	0.43	3.76%
華南金	2880	19.20	1.23	0.61	3.18%
玉山金	2884	24.00	1.52	0.60	2.52%
元大金	2885	17.45	1.37	0.63	3.63%
兆豐金	2886	28.00	1.87	1.47	5.26%
台新金	2887	14.10	1.13	0.52	3.66%
中信金	2891	20.35	1.73	0.96	4.73%
第一金	2892	**21.20**	**1.37**	**1.02**	**4.80%**
上海商銀	5876	48.00	3.10	1.77	3.68%
合庫金	5880	19.45	1.19	0.75	3.86%

註：1. 部分股票有配股利，若算進股票股利，殖利率會更高；2. 華南金、兆豐金、台新金、中信金、第一金尚未公告2018年（盈餘分配年度）股利，因此，過去3年股利是往前推一年，也就是以2017年、2016年、2015年計算
資料來源：公開資訊觀測站

　　依照上述3條件，為讀者精挑細選出目前市場上10檔熱門的銀行股資優生，並依照股號排序，投資人可從中挑選合適的投資標的（詳見表2）。

步驟2》存股方法首選「定期定額」

　　剛剛我們已經篩選出銀行股資優生，都是獲利穩定、配息也相對

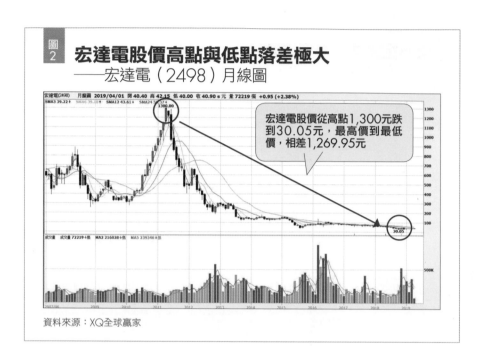

圖2 **宏達電股價高點與低點落差極大**
——宏達電（2498）月線圖

宏達電股價從高點1,300元跌到30.05元，最高價到最低價，相差1,269.95元

資料來源：XQ全球贏家

穩定的標的，而最簡單存股方式，就是透過定期定額建立基本部位，有年終獎金進帳或市場大跌的時候再進場加碼。

建議定期定額投資有 2 大原因：

1. 因為銀行股股價波動度不大，跟電子股、傳產股比起來，簡直就是牛皮到不行，何時進場差別不會太大，反而是愈早入場，愈能取得更多年的配息（或是配息加配股）。

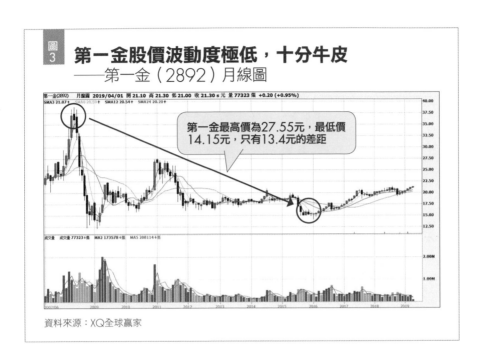

圖3　**第一金股價波動度極低，十分牛皮**
——第一金（2892）月線圖

第一金最高價為27.55元，最低價14.15元，只有13.4元的差距

資料來源：XQ全球贏家

　　我們就以宏達電及第一金來比較，就可以知道銀行股相對牛皮多了（詳見圖2、圖3）。從 2007 年 6 月 1 日以來的月線圖，可以看到宏達電大漲又大跌，是上千元股價的差異，但第一金最高價到最低價卻只有 10 餘元的差別。

　　2. 多數散戶要判斷高低點不容易，考慮太多，反而難入手，若猜錯高低點報酬率反而更差。不管高低點扣款，定期定額的報酬率都有 8% ～ 9%。

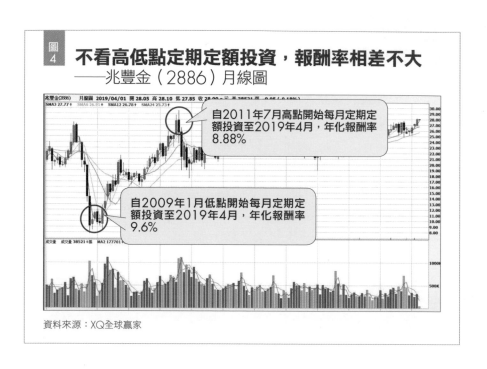

圖4 不看高低點定期定額投資，報酬率相差不大
——兆豐金（2886）月線圖

> 自2011年7月高點開始每月定期定額投資至2019年4月，年化報酬率8.88%

> 自2009年1月低點開始每月定期定額投資至2019年4月，年化報酬率9.6%

資料來源：XQ全球贏家

　　誰都知道股票能低買高賣才能賺最多，但是高點或低點總是事後才能知道，以兆豐金（2886）為例，事後諸葛抓出高低點，從低點單筆投入，年化報酬率自然很高。

　　試算如下：如果在2009年1月1日單筆投資兆豐金持有到2019年4月1日，年化報酬率高達16.77%；但若看錯位置，在2011年7月的高點買進，很抱歉，年化報酬率只剩下5.66%，單筆投資一旦挑錯位置，進場風險很高。

圖5 高點單筆投資兆豐金，年化報酬率為5.66%

——自2011年7月1日持有至2019年4月1日

年度	現金股息	股票股息	合計	平均成本	殖利率	淨值	累積投入成本	累積獲利	年度獲利
2011	324	185	509	0	0%	7,720	10,000	-2,280	-2,280
2012	325	129	454	10,000	4.54%	9,084	10,000	-916	1,363
2013	442	0	442	10,000	4.42%	10,540	10,000	540	1,457
2014	466	0	466	10,000	4.66%	10,707	10,000	707	167
2015	613	0	613	10,000	6.13%	9,859	10,000	-141	-849
2016	696	0	696	10,000	6.96%	11,383	10,000	1,383	1,525
2017	703	0	703	10,000	7.03%	12,601	10,000	2,601	1,217
2018	786	0	786	10,000	7.86%	14,323	10,000	4,323	1,722
2019	0	0	0	10,000	0%	15,537	10,000	5,537	1,214
累積	4,355	314	4,669	8,889	52.52%	累積股數	552	年化報酬率	5.66%

資料來源：Alpha168

　　但若是採取定額定額，從2009年1月低點開始每個月投入資金，持有到2019年4月1日，年化報酬率為9.6%；從2011年7月的高點開始每個月投入資金，持有到2019年4月1日，年化報酬率則為8.88%。兩者報酬率相差不到1個百分點，可見得定期定額是最適合散戶的投資方式（詳見圖4）。

　　①高點單筆投資兆豐金：2011年7月是兆豐金近10年來的股價高點，若從2011年7月1日單筆投資兆豐金，持有至2019

圖6 高點定期定額投資兆豐金，年化報酬率8.88%
—— 自2011年7月1日持有至2019年4月1日

年度	現金股息	股票股息	合計	平均成本	殖利率	淨值	累積投入成本	累積獲利	年度獲利
2011	324	185	509	0	0%	54,019	60,000	-5,981	-5,981
2012	4,982	1,983	6,965	125,000	5.57%	189,956	180,000	9,956	15,937
2013	12,465	0	12,465	245,000	5.09%	348,592	300,000	48,592	38,636
2014	18,585	0	18,585	365,000	5.09%	476,167	420,000	56,167	7,575
2015	30,992	0	30,992	485,000	6.39%	545,660	540,000	5,660	-50,507
2016	43,049	0	43,049	605,000	7.12%	756,726	660,000	96,726	91,066
2017	50,788	0	50,788	725,000	7.01%	961,883	780,000	181,883	85,157
2018	64,025	0	64,025	845,000	7.58%	1,217,525	900,000	317,525	135,643
2019	0	0	0	885,000	0%	1,361,619	940,000	421,619	104,094
累積	225,209	2,167	227,377	475,556	47.81%	累積股數	48,370	年化報酬率	8.88%

資料來源：Alpha168

年4月1日，年化報酬率為5.66%（詳見圖5）。

②**高點定期定額投資兆豐金**：2011年7月是兆豐金近10年來的股價高點，若從2011年7月1日每月定期定額投入1萬元，持有至2019年4月1日，年化報酬率為8.88%（詳見圖6）。

如果從低點開始投資，單筆投資絕對比定期定額報酬率來得高。但事後看圖找高低點當然容易，實際上大部分的人都無法事前預知

低點單筆投資兆豐金，年化報酬率16.77%
——自2009年1月1日持有至2019年4月1日

年度	現金股息	股票股息	合計	平均成本	殖利率	淨值	累積投入成本	累積獲利	年度獲利
2009	256	0	256	10,000	2.56%	19,185	10,000	9,185	9,185
2010	1,037	0	1,037	10,000	10.37%	24,381	10,000	14,381	5,196
2011	977	557	1,535	10,000	15.35%	23,285	10,000	13,285	-1,096
2012	980	390	1,370	10,000	13.7%	27,414	10,000	17,414	4,129
2013	1,334	0	1,334	10,000	13.34%	31,827	10,000	21,827	4,413
2014	1,407	0	1,407	10,000	14.07%	32,372	10,000	22,372	545
2015	1,854	0	1,854	10,000	18.54%	29,856	10,000	19,856	-2,516
2016	2,108	0	2,108	10,000	21.08%	34,500	10,000	24,500	4,644
2017	2,130	0	2,130	10,000	21.3%	38,216	10,000	28,216	3,715
2018	2,384	0	2,384	10,000	23.84%	43,467	10,000	33,467	5,251
2019	0	0	0	10,000	0%	47,152	10,000	37,152	3,685
累積	14,466	947	15,413	10,000	154.13%	累積股數	1,675	年化報酬率	16.77%

資料來源：Alpha168

股價最高點與最低點。

③**低點單筆投資兆豐金**：2009 年 1 月是兆豐金近 10 年來的股價低點，若從 2009 年 1 月 1 日單筆投資兆豐金，持有至 2019 年 4 月 1 日，年化報酬率為 16.77%（詳見圖 7）。

④**低點定期定額投資兆豐金**：2009 年 1 月是兆豐金近 10 年來的股價低點，若從 2009 年 1 月 1 日每月定期定額投入 1 萬元，

低點定期定額投資兆豐金，年化報酬率9.6%
——自2009年1月1日持有至2019年4月1日

年度	現金股息	股票股息	合計	平均成本	殖利率	淨值	累積投入成本	累積獲利	年度獲利
2009	1,225	0	1,225	65,000	1.88%	153,347	120,000	33,347	33,347
2010	12,205	0	12,205	185,000	6.6%	340,926	240,000	100,926	67,579
2011	16,265	9,271	25,536	305,000	8.37%	434,046	360,000	74,046	-26,879
2012	20,973	8,346	29,319	425,000	6.9%	637,513	480,000	157,513	83,467
2013	34,249	0	34,249	545,000	6.28%	868,198	600,000	268,198	110,684
2014	41,563	0	41,563	665,000	6.25%	1,004,835	720,000	284,835	16,637
2015	61,263	0	61,263	785,000	7.8%	1,033,357	840,000	193,357	-91,478
2016	77,474	0	77,474	905,000	8.56%	1,320,512	960,000	360,512	167,155
2017	85,596	0	85,596	1,025,000	8.35%	1,586,664	1,080,000	506,664	146,152
2018	102,992	0	102,992	1,145,000	8.99%	1,928,437	1,200,000	728,437	221,773
2019	0	0	0	1,185,000	0%	2,132,800	1,240,000	892,800	164,364
累積	453,806	17,617	471,423	657,727	71.67%	累積股數	75,766	年化報酬率	9.6%

資料來源：Alpha168

持有至 2019 年 4 月 1 日，年化報酬率為 9.6%（詳見圖 8）。

萬一從高點開始存股，定期定額的年化報酬率優於單筆投資。

每月以1萬元存股，10年後年領8～9萬元股利

經過上面 2 個步驟，我們挑出銀行股資優生，接下來開始定期定額投資，要多久才能存到 100 張銀行股的股票呢？此處以第一金與

圖9 每月1萬元買第一金，10年後領8萬元現金股利
——自2009年1月1日持有至2018年12月31日

年度	現金股息	股票股息	合計	平均成本	殖利率	淨值	累積投入成本	累積獲利	年度獲利	當年度年化報酬率	累積報酬率(非年化)	累積股數
2009	1,798	1,816	3,614	65,000	5.56%	136,685	120,000	16,685	16,685	31.84%	13.9%	6,886
2010	5,431	5,024	10,455	185,000	5.65%	369,871	240,000	129,871	113,186	60.47%	54.11%	13,775
2011	4,848	23,176	28,024	305,000	9.19%	361,375	360,000	1,375	-128,496	-29.93%	0.38%	20,359
2012	9,707	25,263	34,970	425,000	8.23%	515,322	480,000	35,322	33,947	8.08%	7.36%	29,114
2013	14,819	37,031	51,850	545,000	9.51%	717,825	600,000	117,825	82,503	14.44%	19.64%	38,697
2014	21,232	54,991	76,222	665,000	11.46%	919,057	720,000	199,057	81,233	10.43%	27.65%	49,279
2015	36,727	57,976	94,703	785,000	12.06%	949,236	840,000	109,236	-89,821	-9.19%	13%	62,042
2016	63,044	48,677	111,721	905,000	12.34%	1,309,417	960,000	349,417	240,181	23.87%	36.4%	76,129
2017	95,802	31,295	127,097	1,025,000	12.4%	1,737,928	1,080,000	657,928	308,511	22.56%	60.92%	88,897
2018	83,093	18,973	102,066	1,145,000	8.91%	1,994,437	1,200,000	794,437	136,509	7.57%	66.2%	99,722
累積	336,502	304,221	640,723	605,000	105.9%	累積股數	99,722	年化報酬率	9.36%	變異係數	1.63	

資料來源：Alpha168

玉山金為例，分別以每個月能存 1 萬元的小資族，以及每個月能存 2 萬元的小主管這 2 大族群，幫你試算：

族群 1》月存 1 萬元小資族

假如每月定期定額以 1 萬元買進第一金，10 年就可存到近 100 張第一金，1 年約可領 8 萬元～ 9 萬元的現金股利（詳見圖 9）；假如每月定期定額以 1 萬元買進玉山金，9 年就可存到近 100 張玉山金，1 年約可領 3 萬元～ 5 萬元的現金股利（詳見圖 10）。

圖10 每月1萬元買玉山金，9年後領5萬元現金股利
——自2010年1月1日持有至2018年12月31日

年度	現金股息	股票股息	合計	平均成本	殖利率	淨值	累積投入成本	累積獲利	年度獲利	當年度年化報酬率	累積報酬率(非年化)	累積股數
2010	1,076	3,088	4,163	65,000	6.41%	175,300	120,000	55,300	55,300	116.54%	46.08%	8,743
2011	2,458	14,583	17,042	185,000	9.21%	219,090	240,000	-20,910	-76,210	-32.48%	-8.71%	16,789
2012	4,263	17,799	22,063	305,000	7.23%	418,590	360,000	58,590	79,499	29.23%	16.27%	25,759
2013	8,885	56,125	65,010	425,000	15.3%	705,040	480,000	225,040	166,451	35.28%	46.88%	35,608
2014	10,998	68,692	79,689	545,000	14.62%	903,052	600,000	303,052	78,012	10.16%	50.51%	45,957
2015	21,047	81,759	102,806	665,000	15.46%	1,098,619	720,000	378,619	75,567	7.83%	52.59%	57,369
2016	26,101	108,046	134,147	785,000	17.09%	1,313,019	840,000	473,019	94,400	8.08%	56.31%	71,554
2017	36,902	103,658	140,561	905,000	15.53%	1,618,165	960,000	658,165	185,146	13.49%	68.56%	85,617
2018	54,039	115,373	169,412	1,025,000	16.53%	1,993,921	1,080,000	913,921	255,756	15.25%	84.62%	99,200
累積	165,769	569,123	734,893	545,000	134.84%	累積股數	99,200	年化報酬率	12.36%	變異係數	1.67	

資料來源：Alpha168

族群2》月存2萬元小主管

　　假如每月定期定額 2 萬元買進第一金，6 年就可以存到近 100 張第一金，1 年約可領 8 萬元～ 9 萬元的現金股利（詳見圖 11）；假如每個月定期定額 2 萬元買進玉山金，6 年的時間可以存到近 100 張的玉山金，1 年約可領 3 萬元～ 5 萬元的現金股利（詳見圖 12）。

　　銀行股的股價多數並不高，一張（1,000 股）大約在 1 萬多元到

每月2萬元買第一金，6年後領8萬元現金股利
——自2013年3月1日持有至2018年12月31日

年度	現金股息	股票股息	合計	平均成本	殖利率	淨值	累積投入成本	累積獲利	年度獲利	當年度年化報酬率	累積報酬率(非年化)	累積股數
2013	2,461	6,150	8,611	0	0%	214,039	200,000	14,039	14,039	15.94%	7.02%	11,538
2014	9,538	24,704	34,242	330,000	10.38%	490,604	440,000	50,604	36,565	11.35%	11.5%	26,306
2015	22,878	36,115	58,993	570,000	10.35%	672,117	680,000	-7,883	-58,487	-9.63%	-1.16%	43,929
2016	49,947	38,565	88,512	810,000	10.93%	1,099,581	920,000	179,581	187,464	24.02%	19.52%	63,929
2017	85,612	27,967	113,578	1,050,000	10.82%	1,608,594	1,160,000	448,594	269,012	22.28%	38.67%	82,281
2018	80,226	18,318	98,544	1,290,000	7.64%	1,976,948	1,400,000	576,948	128,354	7.44%	41.21%	98,847
累積	250,662	151,818	402,480	675,000	59.63%	累積股數	98,847	年化報酬率	11.04%	變異係數	0.94	

資料來源：Alpha168

每月2萬元買玉山金，6年後領5萬元現金股利
——自2013年3月1日持有至2018年12月31日

年度	現金股息	股票股息	合計	平均成本	殖利率	淨值	累積投入成本	累積獲利	年度獲利	當年度年化報酬率	累積報酬率(非年化)	累積股數
2013	1,623	10,252	11,875	0	0%	221,146	200,000	21,146	21,146	24.43%	10.57%	11,169
2014	5,184	32,378	37,562	330,000	11.38%	503,389	440,000	63,389	42,243	12.82%	14.41%	25,618
2015	13,586	52,778	66,364	570,000	11.64%	789,355	680,000	109,355	45,966	7.44%	16.08%	41,220
2016	20,591	85,236	105,827	810,000	13.07%	1,109,700	920,000	189,700	80,345	8.86%	20.62%	60,474
2017	33,316	93,583	126,899	1,050,000	12.09%	1,516,904	1,160,000	356,904	167,204	13.62%	30.77%	80,259
2018	52,585	112,270	164,855	1,290,000	12.78%	1,998,503	1,400,000	598,503	241,599	14.84%	42.75%	99,428
累積	126,885	386,497	513,382	675,000	76.00%	累積股數	99,428	年化報酬率	11.4%	變異係數	0.4	

資料來源：Alpha168

2 萬多元左右，入手門檻較低。可以零股的方式買入，每個月在盤後定期定額買入存股標的，也可以每 2 個月湊到 1 張股票的金額再買入。

看股價淨值比波段操作
低買高賣累積獲利

2-5

資優銀行股最適合定期定額累積持股,不過,有些獲利成績沒那麼高的銀行股,難道就沒有投資獲利的機會嗎?這一篇介紹靈活波段操作法,可以用在獲利較低的銀行股,也可以適用在當資優銀行股超跌的時候加碼,加快存股速度。

如何判斷銀行股是不是超跌?評估股價貴或便宜,在投資界有 2 個最常使用的指標——本益比(PE)與股價淨值比(PB,又稱為本淨比)。本益比適用在大多數電子或傳統產業,但不能使用在景氣循環股及金融股(包括銀行股),PB 就很適合用來評價這 2 種產業(詳見圖解教學)。

以股價淨值比評估銀行股股價,找出買賣點

為什麼要用 PB 來評價銀行股呢? 2-3 已說明,銀行主要運作方式

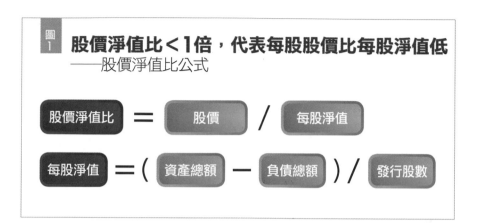

圖1　**股價淨值比＜1倍，代表每股股價比每股淨值低**
——股價淨值比公式

股價淨值比 ＝ 股價 / 每股淨值

每股淨值 ＝（ 資產總額 － 負債總額 ）/ 發行股數

是拿民眾較低利率存款，再用較高利率放款出去，藉以賺取中間的利差，有多少錢才能借出去多少錢，而且所有的金融業都有資本適足率的規定。

　　白話地說，就是銀行業自己有多少股本，才能允許擁有多少比率的風險性資產，足以見得資產正是銀行賺錢的關鍵。

　　所以，評價銀行股最好還是用 PB 這個指標，較能表達出銀行賺錢能力與股價的關係，PB 的公式如圖1。

　　當 PB 低於 1 倍，就代表現在每股股價比起每股的淨值還要低，例如目前每股股價只有 9 元，但每股淨值還有 10 元，這樣計算出

來的 PB 只有 0.9 倍；而 PB 2 倍的意思，是代表現在每股股價是每股淨值的 2 倍，例如每股股價 20 元，但每股淨值只有 10 元，PB 就等於 2 倍。

因為銀行股不是成長股，股價不會像成長股一樣漲翻天，銀行股的股價相對比較牛皮，即代表上漲與下跌的幅度較有限，所以投資銀行股不用怕股價一路漲高買不到，反而常常有機會等到股價回檔，在低 PB 的時候買進、在高 PB 的時候賣出（詳見圖 2）。

3步驟波段操作銀行股，降低成本還可賺價差

接著我們要來介紹，如何透過 PB 這個指標，來進行低買高賣波段操作。

由於不同規模、不同經營效率的銀行，所適用的 PB 倍數不同。舉例來說，玉山金（2884）因為近年來經營績效非常好，股價還沒跌到淨值，就有很多人搶著買進，因此要買進玉山金的 PB 倍數就不能設太低。

相對的，同類型銀行台新金（2887），其 PB 長期就在 0.8 倍～1.1 倍之間，買賣的 PB 區間，就不會跟玉山金一樣。

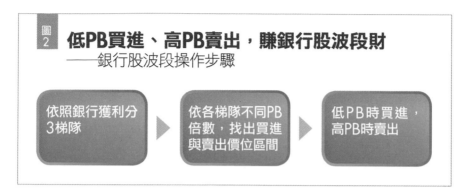

圖2 **低PB買進、高PB賣出，賺銀行股波段財**
——銀行股波段操作步驟

依照銀行獲利分3梯隊　▶　依各梯隊不同PB倍數，找出買進與賣出價位區間　▶　低PB時買進，高PB時賣出

　　所以，我們先把銀行股依照獲利的區間先分類，再找出各自相對較低的 PB 倍數，以及可以賣出的相對合理價位的 PB 倍數，波段操作累積獲利，來看以下 3 個操作步驟：

步驟 1》依照不同獲利區間將銀行股分成 3 梯隊

　　參考銀行股操作達人義哥的方法，首先，篩選出獲利較為穩定的銀行股，依照銀行股的獲利區間，區分成 3 梯隊：

　　第 1 梯隊：是獲利較高的銀行型金控優等生，近 5 年來，平均每股稅後盈餘（EPS）在 1.5 元以上，包括兆豐金（2886）、中信金（2891）、玉山金、上海商銀（5876）。

　　第 2 梯隊：是獲利還不錯銀行型金控，近 5 年來，平均每股稅後

盈餘在 1 元以上，包括第一金（2892）、華南金（2880）、元大金（2885）、合庫金（5880）。

第 3 梯隊：是獲利較少、規模也相對較小的銀行股，但每股稅後盈餘至少還在 0.5 元以上，包括永豐金（2890）、台新金、聯邦銀（2838）等。

步驟 2》依各梯隊不同 PB 倍數設定買進價與賣出價

到底多低的 PB 倍數是夠便宜可以買進的價位？多高的 PB 倍數是可以獲利了結的價位？由於各家銀行的獲利能力不盡相同，外界給予的評價也會有所區別，因此，這 3 個銀行股梯隊也會各自產生不同的 PB 倍數所計算出的買進與賣出價位區間。

以玉山金為例，可以從玉山金月 K 線圖 PB 的河流圖看出，玉山金的股價頂多跌到 1 倍附近，就有買盤進來，而到了 1.5 倍附近，就開始有賣壓出來把股價下壓。如果我們想在相對低點買進玉山金，就可以設定 1.1 倍的時候買進、1.5 倍附近賣出，賺取價差（詳見圖 3）。

此處為讀者整理了 3 個銀行股梯隊可以買進與賣出的 PB 倍數（詳見表 1）。

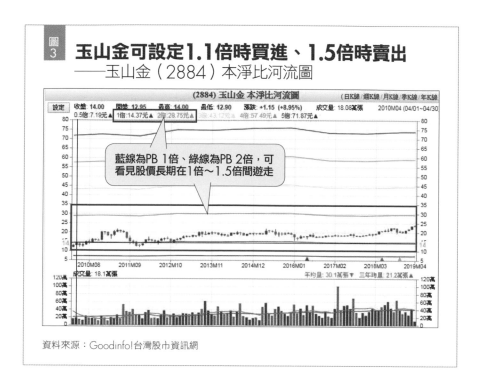

圖
3 **玉山金可設定1.1倍時買進、1.5倍時賣出**
——玉山金（2884）本淨比河流圖

資料來源：Goodinfo!台灣股市資訊網

步驟 3》挑選現金股利殖利率高、EPS 穩定成長的標的

有時候有多檔銀行股同時落入低 PB 的便宜價格，如果沒有足夠的銀彈，要如何精選標的？這時候，現金股利殖利率指標就派上用場了。現金股利殖利率是存股族最常用的指標，指的是你花多少錢買股票與每年領回現金股利的比率。

我們用銀行存款比喻來理解會比較簡單。假設你把 100 元存在銀

表1 銀行股第1梯隊買進價在PB 1.1倍以下
—— 銀行股3梯隊PB區間

銀行股梯隊	名稱（股號）	近5年EPS	便宜價（買進價）	合理價（賣出價）
第1梯隊	兆豐金（2886）、中信金（2891）、玉山金（2884）、上海商銀（5876）	1.5元以上	PB 1.1倍以下	PB 1.5倍以上
第2梯隊	第一金（2892）、華南金（2880）、元大金（2885）、合庫金（5880）	1元以上	PB 0.9倍以下	PB 1.3倍以上
第3梯隊	永豐金（2890）、台新金（2887）、聯邦銀（2838）	0.5元以上	PB 0.8倍以下	PB 1.1倍以上

註：雖然聯邦銀近5年EPS高於1元，但因為規模較小，所以評價相對會較低，因此此處列為第3梯隊

行，1年後拿回101元，這1元就是利息，利率是1%；你可以把每年領取的現金股利想成利息，而現金股利殖利率的概念就如同利率，愈高愈好（詳見圖4）。

　不過，要留意的是，存在銀行的本金不會減少，只要在意利率高低即可，但是股票的現金股利殖利率則不同，會同時受到分母（股價）與分子（現金股利）2個變數影響。銀行每年配發的現金股利不一定一樣，而股價也會波動，當分子（現金股利）增加，但分母（股價）不變，現金股利殖利率就會變高，或是當分子（現金股利）不變，

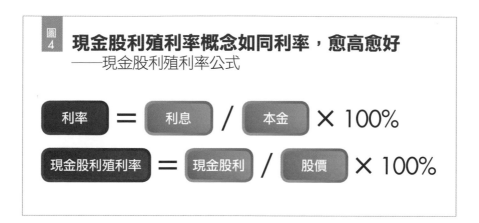

圖4 現金股利殖利率概念如同利率，愈高愈好
——現金股利殖利率公式

利率 = 利息 / 本金 × 100%

現金股利殖利率 = 現金股利 / 股價 × 100%

但分母（股價）上漲，現金股利殖利率就會變低。

　　只看 1 年的現金股利可能會受到單獨事件影響，建議可以用過去 3 年的平均現金股利，與目前的股價相比，現金股利殖利率愈高愈加分。

　　而 EPS 較前一年成長也較獲利持平的銀行股更佳，若一年比一年連續成長則更好。

　　例如，第 2 梯隊中的第一金、華南金、合庫金及元大金，2018 年 EPS 都比 2017 年成長，但從 PB 來看，分別為 1.27 倍、1.27 倍、1.17 倍及 0.93 倍。由此可看出，第一金、華南金股價不算便

表2 在低PB價位加碼買進，降低存股成本
——銀行股3梯隊PB現況

銀行股梯隊	名稱	股號	2019.04.03 收盤價（元）	過去 5 年平均 EPS（元）	PB（倍）	每股淨值（元）
第 1 梯隊	上海商銀	5876	48.00	3.03	1.50	32.07
	兆豐金	2886	28.00	2.08	1.21	23.11
	中信金	2891	20.35	1.97	1.28	15.94
	玉山金	2884	24.00	1.55	1.62	14.78
第 2 梯隊	第一金	2892	21.20	1.44	1.27	16.64
	華南金	2880	19.20	1.30	1.27	15.09
	元大金	2885	17.45	1.35	0.93	18.76
	合庫金	5880	19.45	1.18	1.17	16.57
第 3 梯隊	永豐金	2890	11.45	0.99	0.91	12.58
	聯邦銀	2838	10.70	1.12	0.62	17.24
	台新金	2887	14.10	0.97	0.93	15.22

註：此處 PB 計算並未扣除特別股股本　　資料來源：台灣證券交易所、XQ 全球贏家

宜；而元大金近年都有成長，今年以來已經上漲不少，但 PB 也還只有 0.93 倍，仍具有相當大的吸引力。

第 3 梯隊中，台新金 2018 年 EPS 比 2017 年衰退，若資金不足可先略過；而永豐金、聯邦銀 2018 年 EPS 則比 2017 年成長，目前 PB 各約 0.99 倍及 0.62 倍（詳見表 2）。

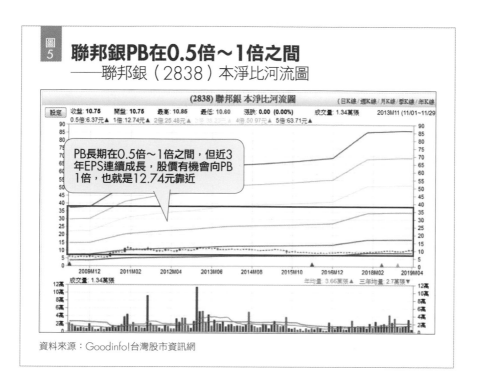

圖5 **聯邦銀PB在0.5倍～1倍之間**
── 聯邦銀（2838）本淨比河流圖

> PB長期在0.5倍～1倍之間，但近3年EPS連續成長，股價有機會向PB 1倍，也就是12.74元靠近

資料來源：Goodinfo!台灣股市資訊網

　　近3年永豐金與聯邦銀2檔個股配息穩定，且有增加現金股利的趨勢，就可以列入波段操作的標的，特別是聯邦銀，從PB來看，聯邦銀不到0.7倍顯得相對委屈，未來估值修復的紅利就相當值得期待，有機會賺到價差（詳見圖5）。

　　如果要操作銀行股資優生以外的股票，建議可以在低PB價位買進後，耐心持有，等到股價回到合理的PB時再賣出。

　　此外，銀行股常常有除息行情的慣性，除息前股價容易走高，可在除權息旺季時候多留意，銀行股是否漲高到可以獲利了結的價位。但如果是只想買進、不想賣出，穩定存股，則可以在低 PB 價位加碼買進，降低存股的成本，加速存到 100 張的目標，而不用賣出。

圖解教學　查詢本淨比河流圖

STEP 1

先進入「Goodinfo!台灣股市資訊網」首頁（goodinfo.tw/StockInfo/index.asp），輸入想要查詢的❶「股票代號／名稱」，再點選❷「股票查詢」，然後點選左側的❸「本淨比河流圖」。此處以「第一金（2892）」為例。

STEP 2

進入下一個頁面後，往下拉即可看到❶「本淨比河流圖」，下方還有數值可參考。此外，右上角記得要點選❷「月K線」才能看到長期趨勢。

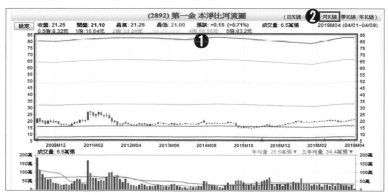

資料來源：Goodinfo! 台灣股市資訊網

079

穩健獲利引擎

Chapter 3

保險股

台灣人均保費貢獻高 保險股獲利來源穩定

3-1

根據瑞士再保險集團（Swiss Re）的資料顯示，如果以壽險、產險合併計算，2017 年台灣的總保險滲透度（保費占 GDP 比率）已經達 21.31%（詳見表 1），位居全球第 1；如果單就壽險滲透度而言，台灣更是稱霸全球長達 11 年。如果以人均保費（當年度總保費收入除以總人口數，又稱「保險密度」）來計算，2017 年台灣的人均壽險保費高達 4,195 美元（約合新台幣 12 萬 5,000 元），僅次於香港、丹麥，排名全球第 3。

利差益、死差益與費差益為保險業3大利潤來源

台灣人愛儲蓄、愛買保單，世界聞名，而提供各類保險契約與保障的保險公司，也是金融機構的一環，如果想了解保險公司的營運及獲利模式，就得先從「保險」的意義和功能談起，才能完整了解保險公司的營運模式和獲利來源。

| 表1 | 台灣的保險滲透度高達21.31%，位居全球第1 ——全球主要國家／地區保險滲透度 |

排名	國家／地區	總計（%）	壽險業（%）	產險業（%）
1	台灣	**21.31**	**17.89**	**3.42**
2	開曼群島	19.61	0.79	18.82
3	香港	17.94	14.58	3.36
4	南非	13.76	11.02	2.74
5	南韓	11.56	6.56	5.00
6	芬蘭	10.65	8.70	1.95
7	丹麥	10.21	7.46	2.75
8	英國	9.58	7.22	2.36
9	荷蘭	9.56	1.89	7.67
10	法國	8.95	5.77	3.18
11	日本	8.60	6.26	2.34
12	巴哈馬	8.59	2.53	6.06
13	瑞士	8.53	4.41	4.12
14	義大利	8.34	6.20	2.14
15	新加坡	8.22	6.64	1.58
16	那米比亞	7.55	5.37	2.18
17	加拿大	7.23	3.12	4.11
18	美國	7.10	2.82	4.28
19	瑞典	6.79	4.98	1.81
20	愛爾蘭	6.79	5.62	1.17
	全球	6.13	3.33	2.80

註：資料日期為 2018 年 3 月　　資料來源：瑞士再保險集團

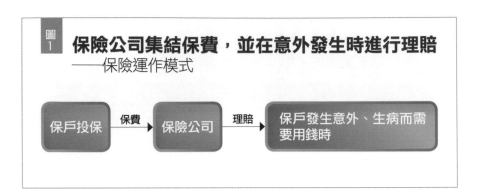

圖1　保險公司集結保費，並在意外發生時進行理賠
——保險運作模式

保戶投保　→（保費）→　保險公司　→（理賠）→　保戶發生意外、生病而需要用錢時

　　保險就是以互助的形式，將眾人的小錢集結成大錢，一旦投保者遇上疾病、意外等事件而需要大筆金錢時，即可以提領使用，而保險公司就是集結民眾資金（收取保費），並且對有需要金錢者進行分配（理賠）的金融機構（詳見圖1）。而依照《保險法》的定義，所謂的保險，即為當事人約定，一方交付保險費於他方（保險公司），他方對於因不可預料，或不可抗力之事故所致之損害，負擔賠償財物之行為。

　　保險公司的收入當然是來自各式保單的銷售，但是進一步分析，其利潤主要來自於「三差」（詳見圖2），也就是在收取保費和扣除理賠、營運等成本費用後，所產生的利差、死差與費差。當有利益時即稱為利差益、死差益，以及費差益；反之，當有損失時則稱為利差損、死差損，以及費差損。

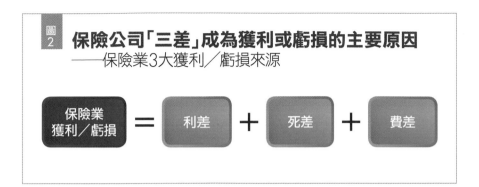

圖2 保險公司「三差」成為獲利或虧損的主要原因
——保險業3大獲利／虧損來源

保險業獲利／虧損 = 利差 + 死差 + 費差

利潤 1》利差益

指保險公司實際的投資收益率高於原先預計的預定利率時，所產生的盈餘。舉例來說，保險公司在設計商品時，會有一個預定利率，假設是 3%，代表該保險商品對保險公司的成本是 3%，當保險公司將保費收入拿去做其他的投資，如果可以獲得 7% 的利潤，這中間的 4 個百分點就是利差益；反之，即為利差損。

利潤 2》死差益

指保險公司實際的風險發生率低於原先預計的風險發生率時，意即實際死亡需要理賠的人數少於預定要理賠人數時，所產生的盈餘。舉例來說，如果保險公司在發行保單時，預估每 100 人中會有 10 人死亡，保險公司就必須支付這 10 個人的保險理賠金，不過，如果最後只有 9 個人死亡，就能少支付 1 個人的理賠，對保險公司來

說，就稱為死差益；反之，則稱為死差損。

利潤 3》費差益

指保險公司營運管理費用低於原先預計的營運管理費用時，所產生的盈餘。舉例來說，保險公司在設計保險商品時，會對保單未來的運營費用，設計和收取一筆預估費用（預定費用率），如果實際上的營運費用小於保險公司原先的預估，這時候省下來的營業費用就稱為費差益；反之，則稱為費差損。以上「三差」中，以「利差」的獲利貢獻占比最大。

而「三差」中，最常被討論到且對保險公司最重要的非「利差」莫屬，因為一些老牌壽險公司，過去銷售了許多利率高達 7% ～ 8% 的高利保單，現在卻面臨約 1% 的低利環境，造成資金成本高但是收益率卻走低的困境。相較老牌壽險公司，許多新進的壽險業者，一般資金成本較低，因此利差損的情況不明顯，不過，規模普遍小於老牌壽險公司。

依據保障標的，分為壽險、產險與再保險公司

保險公司可以進一步從保障標的的不同來區分，大致可以分為 3 大類：第 1 類是提供人身相關保障的壽險公司；第 2 類是提供財產

表2 台股保險族群中，依據營業項目可區分為4大類
——台股保險公司一覽表

分類	代表業者
壽險型金控	富邦金（2881）、國泰金（2882）、開發金（2883）、新光金（2888）
純壽險公司	中　壽（2823）、三商壽（2867）、遠　壽（5859）
產險公司	旺旺保（2816）、台　產（2832）、新　產（2850）、第一保（2852）
再保險公司	中再保（2851）

物品等相關保障的產險公司；第 3 類是保險公司的保險公司，也就是替一般保險公司進行風險轉嫁與分攤的再保險公司。

　　而在股票市場中，保險相關族群因為公司規模和營業項目，可以大略分為 4 大類（詳見表 2）：第 1 類是以壽險為主力的壽險型金融控股公司，代表業者有富邦金（2881）、國泰金（2882），以及新光金（2888）等；第 2 類則是不在金控公司旗下的純壽險公司，例如：中壽（2823）、三商壽（2867），以及興櫃市場的遠壽（5859）等；第 3 類是以純產險為主的族群，代表的公司有台產（2832）與新產（2850）等；第 4 類則是以分攤與轉嫁一般保險公司風險的再保險公司，上市櫃中僅有中再保（2851）。接下來文章，將個別分析與介紹 4 大類保險公司的差異。

| 表3 | **台股中，壽險型金控公司共有4檔** |

──壽險型金控公司名單與基本面資訊

名稱（股號）	股價（元）	2018年EPS（元）	ROA近3年平均（%）	ROE近3年平均（%）	近3年股利政策（元）			
					項目	2017年	2018年	2019年
富邦金（2881）	45.50	4.52	0.73	10.55	現金	2.00	2.30	未公布
					股票	0.00	0.00	未公布
國泰金（2882）	44.20	4.01	0.60	9.28	現金	2.00	2.50	未公布
					股票	0.00	0.00	未公布
開發金（2883）	10.05	0.54	0.55	4.73	現金	0.50	0.60	未公布
					股票	0.00	0.00	未公布
新光金（2888）	8.81	0.87	0.26	5.87	現金	0.20	0.34	0.20
					股票	0.00	0.14	0.00

註：1. 股價為2019.04.10收盤價；2.「ROA近3年平均」和「ROE近3年平均」為2016年至2018年財務數字；3. 近3年股利政策按發放年度認列
資料來源：公開資訊觀測站、財報狗

類型1》壽險型金控公司

在國內16家金控公司中，國泰金、富邦金、中信金（2891）、元大金（2885）、第一金（2892）、新光金、台灣金控，以及開發金（2883），旗下都擁有保險公司。雖然金控公司仍然有銀行、證券等其他收入來源，但是，如果保險業務占公司營收、獲利比重較大者，一般會被稱為「壽險型金控公司」，目前共有富邦金、國泰金、開發金與新光金4家壽險型金控公司（詳見表3）。特別要

表4 台股中，純壽險公司共有3檔
──純壽險公司名單與基本面資訊

名稱（股號）	股價（元）	2018年EPS（元）	ROA近3年平均（%）	ROE近3年平均（%）	近3年股利政策（元）			
					項目	2017年	2018年	2019年
中壽（2823）	25.50	2.54	0.65	11.03	現金	0.80	0.80	0.00
					股票	0.90	0.60	0.00
三商壽（2867）	11.20	-0.14	0.20	5.42	現金	0.00	0.00	0.00
					股票	0.87	1.57	0.00
遠壽（5859）	7.62	0.52	0.30	6.55	現金	0.00	0.00	未公布
					股票	0.00	0.00	未公布

註：1. 股價為2019.04.10收盤價；2.「ROA近3年平均」和「ROE近3年平均」為2016年至2018年財務數字；3. 近3年股利政策按發放年度認列
資料來源：公開資訊觀測站、財報狗

注意的是，開發金目前持有中壽約 35% 股權，合併認列損益，仍未百分百持有，因此，公司預計 2020 年底前完全收購，並且讓中壽下市。

類型 2》純壽險公司

除了依附在金控公司底下的壽險公司之外，市場中有 2 家上市公司和 1 家興櫃公司為獨立經營的純壽險公司，前者為中壽和三商壽；後者為遠壽（詳見表 4）。而中壽在被開發金百分之百購併後將下

表5 台股中，產險公司共有4檔
──產險公司名單與基本面資訊

名稱（股號）	股價（元）	2018年EPS（元）	ROA近3年平均（%）	ROE近3年平均（%）	近3年股利政策（元）		
					項目	2017年	2018年	2019年
旺旺保（2816）	19.40	2.84	2.98	11.38	現金	0.00	0.70	0.90
					股票	0.00	0.00	0.00
台產（2832）	20.15	1.55	3.55	7.66	現金	0.09	1.10	未公布
					股票	0.00	0.00	0.00
新產（2850）	39.10	5.60	4.36	14.51	現金	1.51	1.82	2.65
					股票	0.00	0.00	0.00
第一保（2852）	14.45	1.63	3.14	8.42	現金	0.65	0.60	0.49
					股票	0.00	0.00	0.00

註：1.股價為2019.04.10收盤價；2.「ROA近3年平均」和「ROE近3年平均」為2016年至2018年財務數字；3.近3年股利政策按發放年度認列
資料來源：公開資訊觀測站、財報狗

市，之後台股僅剩 2 家純壽險公司，不過，南山人壽已經在 2018年遞件，準備申請興櫃。

類型 3》產險公司

除了壽險之外，產險公司也是台股中保險公司的主力之一。相較於壽險公司營收和獲利容易受到景氣波動的影響，產險公司因為業務型態，所以在營收與獲利上較為穩定。另外，產險公司大多經營

表6 台股中，再保險公司僅有中再保
——再保險公司名單與基本面資訊

名稱 （股號）	股價 （元）	2018 年 EPS （元）	ROA 近 3 年平均 （%）	ROE 近 3 年平均 （%）	近 3 年股利政策（元）			
					項目	2017 年	2018 年	2019 年
中再保 （2851）	17.95	1.78	2.97	9.98	現金	0.5	1.0	0.9
					股票	0.0	0.5	0.0

註：1.股價為 2019.04.10 收盤價；2.「ROA 近 3 年平均」和「ROE 近 3 年平均」為 2016 年至 2018 年財務數字；3.近 3 年股利政策按發放年度認列
資料來源：公開資訊觀測站、財報狗

短年期保單，不需要考量預定利率，因此在資金上無利差損的壓力。不過，因為公司隨時可能發生大額賠款，所以必須保持資金的流動性，在投資標的的選擇上，產險業亦比壽險業保守。綜合以上特點，如果以存股的角度出發，產險族群比起壽險族群，會更適合長期持有，目前上市櫃產險標的，分別是旺旺保（2816）、台產、新產，以及第一保（2852）等 4 檔（詳見表 5）。

類型 4》再保險公司

目前台灣的再保險公司中，除了掛牌上市的中再保（2851）之外，其餘皆是外商在台經營的子公司或辦事處（詳見表 6）。中再

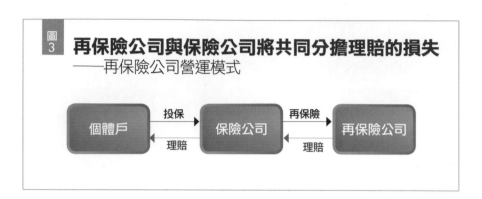

圖3 **再保險公司與保險公司將共同分擔理賠的損失**
——再保險公司營運模式

個體戶 → 投保 → 保險公司 → 再保險 → 再保險公司
再保險公司 → 理賠 → 保險公司 → 理賠 → 個體戶

保同時承作產險與壽險的再保險業務，業務來源為保險公司基於分散風險原則，將所承保之風險向公司再保，並且於保險事故發生時，由中再保共同分攤損失（詳見圖3）。

延伸學習

保經公司獲利穩定，成存股族新寵

除了壽險、產險與再保險公司之外，在保險族群中，仍然有「保險中介」這類的公司存在，一般來說，可以分為「保險經紀人」和「保險代理人」兩種。兩者最大的差異在於，兩種公司所代表的人不同，所代表的利益也不同：保險經紀人所代表的是保戶，受投保人委託，代投保人向保險人訂立保險合同，並且向投保人收取佣金；保險代理人所代表的是保險人（保險公司），受保險人委託，為保險人招攬保險業務，並且向保險人收取手續費。

保經公司僅為中介性質，相較於壽險公司會有資產評價造成損益波動的問題，保經公司的獲利相對平穩，亦是許多存股族愛好的熱門標的。目前，台灣「保險經紀人」的公司中，上市公司僅有台名（5878），興櫃市場則有公勝保經（6028）。目前台灣並沒有保險代理人公司的相關股票可供買賣。

名稱（股號）	股價（元）	2018年EPS（元）	ROA近3年平均（%）	ROE近3年平均（%）	近3年股利政策（元）			
					項目	2017年	2018年	2019年
台　名（5878）	46.20	3.20	13.33	17.73	現金	3.0	3.2	3.2
					股票	0.0	0.0	0.0
公勝保經（6028）	41.63	0.88	8.52	18.80	現金	未公布	未公布	2.0
					股票	未公布	未公布	0.0

註：1. 股價為 2019.04.10 收盤價；2.「ROA 近 3 年平均」和「ROE 近 3 年平均」為 2016 年至 2018 年財務數字；3. 近 3 年股利政策按發放年度認列；4. 公勝保經為新上興櫃市場買賣，僅有 2017 年第 4 季的 ROE 與 ROA 數據，EPS 僅有 2018 年上半年數據
資料來源：公開資訊觀測站、財報狗

3-2 觀察資本適足率、淨值 減少保險股曝險危機

　　存什麼股票都一樣，除了觀察股息和殖利率高低之外，公司經營的安全性絕對是最重要的！因此，在檢閱保險業財報之前，亦有許多官方揭露的保險業經營風險指標，值得投資人參考，以便檢視公司的財務體質和營運狀況。

　　另外，相較於銀行業，保險業的獲利往往受到市場影響巨大，淨值和獲利的波動程度更加劇烈，因此，投資人在進場前，一定要對保險公司的體質、風險承受力與營運穩健度等指標有一定掌握，才不會讓自己的投資部位過度曝險。

保險業股利政策與淨值、未實現損益息息相關

　　在保險公司營運穩健度的掌握上，首推代表保險業經營風險高低的資本適足率（RBC），而存股族最關心的股價、股利政策，其實「眉

角」藏在淨利、未實現損益和淨值的波動中，接下來，就讓我們一探保險業財報中的 2 大關鍵指標：

風險安全指標》檢視資本適足率是否 > 200%

在保險業的財報中，最常見的營運風險指標絕對是「資本適足率」，其公式為「資本適足率＝自有資本／風險性資產總額 ×100%」。自有資本總額即為「股東權益總額＋調整項（特別準備金與未實現損益）」，但是股東權益占比極高，因此，保險公司 RBC 的公式接近於「資本適足率＝股東權益總額／風險資本額 ×100%」。

RBC 可以用「準備金」的概念米解釋，以風險為基礎，用來計算股東因為經營保險業所需要之資本，並且會依據不同保單、不同投資標的給予不同的風險係數，再以此風險係數計算與提取自有資本。如果投資項目的風險愈高，風險係數也會愈高，保險公司必須提列的自有資本也就愈高。舉例來說，假設某項投資商品的風險係數為0.5，當保險公司投資在該商品 100 萬元時，就必須要提列 50 萬元（100 萬元 ×0.5）的自有資本。

由公式可以得知，股東權益愈高、資本提列愈充足的保險公司，其 RBC 愈高，代表公司營運相對安全。以目前現行法規標準，保險

表1 一旦資本適足率＜50%，保險公司將面臨停業處分
—— 保險業資本適足率等級與定義

等級	定義
資本適足	RBC ≥ 200%
資本不足	150% ≤ RBC < 200%
資本顯著不足	50% ≤ RBC < 150%
資本嚴重不足	RBC < 50%，或淨值 < 0

資料來源：保險局

公司的 RBC 共分為 4 個等級（詳見表 1）。

現行的《保險法》規定，只要 RBC 低於 50% 就屬於資本嚴重不足，如果公司未能限期增資、提出改善計畫或合併，就會被接管、停業或解散。在投資保險相關類股前，投資人可以先去保險局官網查詢各大保險的 RBC（詳見圖解教學），確認其數值是否大於 200%，以避免投資到資本不足或營運上有風險的保險公司。

財報體質指標》觀察股價淨值是否小於淨利

一般來說，在鑑定公司價值時，往往會以財報中的「本期淨利」和「本益比」作為標準，但是，保險業的真正價值卻藏在「淨值」中。投資人在觀察保險公司的獲利時，絕對不能只看淨利，因為保險公

去年中壽出現淨利增加，淨值卻減少的怪現象
——中壽（2823）近3年簡易財報

	期　別	107年度	106年度	105年度
簡明資產負債	資產總計	1,711,355,336	1,465,734,184	1,323,711,458
	負債總計	1,638,260,952	1,370,396,437	1,242,639,361
	權益總計	73,094,384	95,337,747	81,072,097
	每股淨值(元)	18.21	25.18	23.34
簡明綜合損益表	基本每股盈餘(元)	2.54	2.40	2.73
簡明現金流量表	營業活動之淨現金流入(流出)	117,989,262	162,812,955	139,153,738
	投資活動之淨現金流入(流出)	-116,730,330	-149,635,044	-155,257,651
	籌資活動之淨現金流入(流出)	-3,029,119	-2,779,008	-2,004,088

> 中壽2018年（107年度）的每股盈餘比前一年增加0.14元，而每股淨值卻比前一年減少6.97元，可見帳上有龐大的未實現虧損

資料來源：公開資訊觀測站

司需要運用保費收入來進行大量投資，所以未實現損益的部位容易受到全球股票、債券等市場波動的影響，而未實現損益會在淨值顯示，並非由損益表上的「本期淨利」就能得知。

　以中壽（2823）2018年的財報為例，當年度公司的淨利為正，而且逾101億元，但是，綜合損益項目的未實現虧損卻高達354億元，也造成公司當年度每股盈餘（EPS）為2.54元，不過每股淨值卻從25.18元大減約7元，僅剩18.21元的怪現象（詳見圖1）。

由此可見，「魔鬼藏在細節中」！如果只看淨利與 EPS，可能會因為壽險業者對於損益的認列方式不同，因而造成淨利忽高忽低，投資人容易陷入低本益比的迷思，以為相關股票「很便宜」、股價「被低估」，因此，評價保險股時，觀察淨值會是比較好的方式，建議投資人以股價淨值比（PB）來取代本益比（PE）。而「股價淨值比＝股價／每股淨值」，一般認為，股價淨值比小於 1 時，代表個股有被低估的現象，而股價淨值比可以從看盤軟體或財報狗（statementdog.com）、Yahoo! 奇摩股市等免費網站查到。

如同《銀行法》對銀行業者提列法定盈餘公積和配發股利限制的規定，《保險法》和金管會對壽險業者來說也有相關的規定，例如：多家壽險公司無法配發 2018 年度的股利（2019 年發放），主要原因是為 2018 年第 4 季的股票和債券價格齊跌，造成壽險公司帳上的未實現部位有巨大的虧損，以至於淨值大幅降低，而在會計年度終了時，壽險公司必須以當年度的淨利對未實現虧損提撥相對應的「特別盈餘公積」，提撥之後，壽險公司大多已經無力再配發股利，或股利水準遠低於市場預期。

單就數字而論，根據保險業公開資訊觀測站的資料顯示，2018年度整體壽險業的稅後淨利約 960 億元，而整體未實現虧損竟然超過 5,000 億元，在此條件下，當 2018 年度完整的財報公布後，

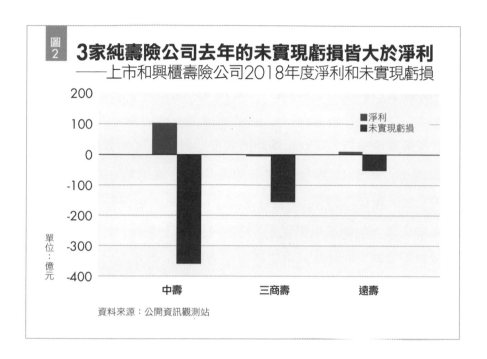

圖 2
3家純壽險公司去年的未實現虧損皆大於淨利
——上市和興櫃壽險公司2018年度淨利和未實現虧損

資料來源：公開資訊觀測站

如果公司帳上的未實現項目出現虧損，就有可能會影響公司的配息能力。

　　上市的 2 家純壽險公司中壽和三商壽（2867），2019 年皆已經宣布不分配股利，加上淨值大減衝擊（詳見圖 2），造成股價大跌。例如：中壽在 3 月 21 日宣布不配發股利，隔天股價就應聲下跌 5.4%，截至 4 月 10 日止，共下跌 11.15%；三商壽則在 3 月 22 日宣布不配發股利，下個交易日（3 月 25 日）股價同樣下跌

3.43%，截至 4 月 10 日止，共下跌 3.86%。

新版會計準則將上路，業者恐面臨財務減損

除了未實現損益、淨值和淨利的差異之外，未來影響保險業財報最深的是「IFRS 17 會計準則」的採用。台灣可能在 2024 年或 2025 年，改採「IFRS 17 會計準則」，預料將對保險業者營運和財報帶來重大的變革與影響。「IFRS 17 會計準則」上路後，保險業者將面臨龐大的財務減損與股東增資壓力，尤其是對早年賣出許多高利率保單的老壽險公司壓力最大。

簡單來說，「IFRS 17 會計準則」就是保險公司必須重新衡量負債，保單負債將改用「公允價格」表達，早年賣出的保單倘若利率為 7% ～ 8%，當時計算出的 100 萬元負債，在目前的會計制度下並不需要調整，但是，等到「IFRS 17 會計準則」上路後，可能改以利率 2% 來折現計算負債，到時候負債可能就不止 100 萬元。舉例來說，明年的 100 元如果以 8% 折現，就會變成 92.59 元、如果以 2% 折現，就會變成 98.04 元。因此，折現率愈低，負債現值就愈大，保險公司的負擔也愈重。

在此情況下，保險業將面臨巨大的增資壓力，例如：南韓保險開

發研究院（KIDI）曾經對南韓保險業進行估算，在接軌「IFRS 17 會計準則」後，保險業者最高可能需要增資逾新台幣 1 兆元，而且可能至少有 9 家的保險業者將面臨鉅額增資，甚至是被接管的命運。雖然台灣尚未有相關的估算或官方的數據，但是，可以預料台灣壽險業者也將面臨巨大的增資需求，因此，壽險相關類股的投資人應該嚴陣以待，時刻關心「IFRS 17 會計準則」的發展，以及手中持股的變化。

　　如果以存股為出發點，因為純壽險公司多半經營長年期保單和投資，所以在未來會計準則的更迭下，勢必需要更多的增資，而且財務面的波動將愈來愈大，股利配發與股價也更容易受到未實現損益和淨值波動的影響。相較於純壽險公司，壽險型金控在多枚引擎加持下，對旗下的壽險公司有較佳的增資能力，在未來展望和股利發放穩定度上都比較有優勢。

　　但是，不可避免的是，一旦增資造成股本膨脹，也可能大幅稀釋獲利。如果保險公司採用發行特別股的方式，就不會有股本膨脹、獲利遭到稀釋的問題，對原股東的衝擊會比較小。

圖解教學　查詢保險業資本適足率

STEP 1

進入保險業公開資訊觀測站首頁（ins-info.ib.gov.tw），點選右側❶「保險業資訊公開」。

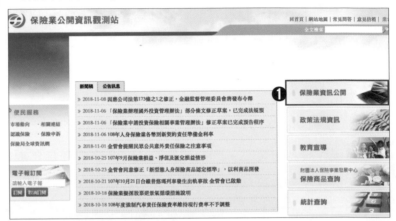

STEP 2

進入下一個頁面後，點選❶「彙計表」，並且選擇下方❷「壽險財務業務指標」。

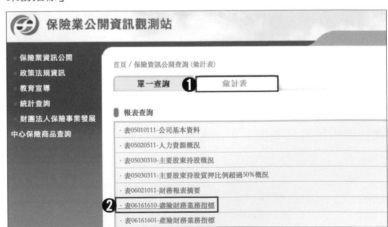

接著，選擇想要查詢的❶「公司名稱」與❷「期間」，並且按下❸「查詢」，就可以得到相關的財務業務指標。此處設定查詢2018年第4季全部的壽險公司。

保險業公開資訊觀測站

表06161610-壽險財務業務指標

❶ *公司名稱　全部
❷ 期間　107 第 4 季
❸ 查詢　下載

年度	季度	公司名稱	負債占資產比率	各種責任準備金對資產比率	各種責任準備金變動率	各種責任準備金淨增額對保費收入比率	關係企業權益比率
107	4	臺銀人壽保險股份有限公司	95.43	94.52	3.12	22.65	
107	4	台灣人壽保險股份有限公司	96.28	89.46	15.87	81.84	
107	4	保誠人壽保險股份有限公司	92.22	69.73	3.71	19.98	
107	4	國泰人壽保險股份有限公司	94.39	83.23	7.35	65.87	
107	4	中國人壽保險股份有限公司	95.73	90.90	20.89	95.15	
107	4	南山人壽保險股份有限公司	96.79	90.53	8.15	69.12	
107	4	新光人壽保險股份有限公司	97.42	94.08	9.51	73.11	
107	4	富邦人壽保險股份有限公司	94.84	88.21	9.72	61.20	
107	4	三商美邦人壽保險股份有限公司	97.72	89.84	9.67	70.29	
107	4	遠雄人壽保險事業股份有限公司	96.52	94.98	10.82	64.05	
107	4	宏泰人壽保險股份有限公司	98.25	96.26	7.44	75.38	
107	4	安聯人壽保險股份有限公司	96.64	13.38	-29.87	-112.24	
107	4	中華郵政股份有限公司	96.71	95.75	1.01	5.20	
107	4	第一金人壽保險股份有限公司	96.43	50.85	96.03	89.28	
107	4	合作金庫人壽保險股份有限公司	94.30	28.34	-4.56	-44.85	
107	4	保德信國際人壽保險股份有限公司	95.66	81.52	9.45	77.76	
107	4	全球人壽保險股份有限公司	97.55	93.78	8.81	88.88	
107	4	元大人壽保險股份有限公司	95.39	92.18	20.44	89.10	
107	4	國際康健人壽保險股份有限公司	77.14	44.70	17.32	23.41	
107	4	英屬百慕達商友邦人壽保險股份有限公司台灣分公司	94.48	90.97	7.11	27.57	

資料來源：保險業公開資訊觀測站

從近5年殖利率區間中值
判斷保險股買點

3-3

在掌握了保險股的財報和了解了以股價淨值比（PB）為主的估價技巧後，接下來將討論各種保險股的操作技巧。因為保險股的各個次產業（壽險型金控公司、純壽險公司、產險公司、再保險公司與保經公司）的業務型態、獲利方式和股利政策不同，所以可以分為存股和波段操作兩類，以下將分別就各個次產業分析其適合的操作方式。

單就存股而論，產險公司、再保險公司和保經公司比較適合。由於產險公司多半經營短年期保單和短期投資，獲利比較不容易受到市場波動的影響；再保險公司的收入來自壽險和產險公司，這 2 類公司對於再保險的需求是穩定且持續，因此，再保險公司的損益波動也在可控制的範圍內；保經公司主要獲利來自壽險和產險保單的中介佣金，此項業務型態也相當穩定，因此，這 3 類公司在獲利和股利政策上，都比純壽險公司、甚至是壽險型金控公司平穩。

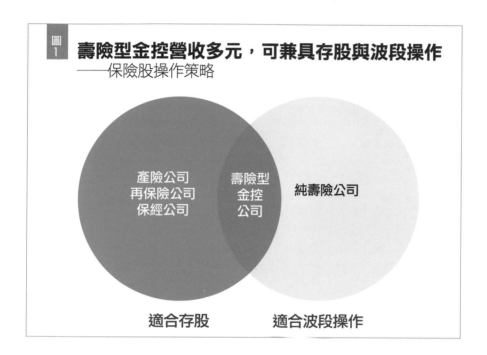

圖1　壽險型金控營收多元，可兼具存股與波段操作
——保險股操作策略

產險公司
再保險公司
保經公司

壽險型
金控
公司

純壽險公司

適合存股　　　　適合波段操作

　　至於純壽險公司的操作方式，則是使用股價淨值比為依據，並且以波段操作為主。有別於其他保險股，壽險公司容易受到市場大環境的影響，獲利相對不穩，甚至可能出現因為未實現虧損大於當期淨利而無法配息的窘況。不過，也因為未實現損益和每股淨值容易隨著市場波動，所以壽險公司適合進行波段操作。

　　至於有銀行、證券或其他收入來源的壽險型金控公司，可以同時適用存股與波段操作，一方面因為它的收入來源多元，有助於公司

表1 保險類股近3年股息殖利率平均值最高達6.78%
——保險公司近3年股利政策

名稱 （股號）	股價 （元）	2017年現金 股利（元）	2018年現金 股利（元）	2019年現金 股利（元）	近3年平均股 息殖利率（%）
富邦金 （2881）	45.50	2.00	2.30	未公布	4.62
國泰金 （2882）	44.20	2.00	2.50	未公布	4.90
台　產 （2832）	20.15	0.90	1.10	未公布	5.29
新　產 （2850）	39.10	1.51	1.82	2.65	5.10
中再保 （2851）	17.95	0.50	1.00	0.90	4.46
台　名 （5878）	46.20	3.20	3.20	未公布	6.78
中　壽 （2823）	25.50	0.80	0.80	0.00	2.09
三商壽 （2867）	11.20	0.00	0.00	0.00	0.00

註：1.股價為2019.04.10收盤價；2.部分公司尚未公布今年的股利政策；3.2019年未公布股利政策之公司，近3年股息殖利率取2016年～2018年的數據　資料來源：財報狗

維持穩定的獲利，而在獲利穩定之下，股利政策也會相對平穩，所以比純壽險股更適合存股，亦不會為了未實現虧損的部位，需要增提大量資本、提列特別盈餘公積，進而降低現金股利的發放比率；另一方面是因為它的壽險業務占比高，綜合損益（例如：未實現損益）和每股淨值也容易受到市場波動的影響，導致每股淨值忽高忽

低，所以，也有部分投資人在大環境波動劇烈時，利用壽險型金控公司進行波段操作。

從表1的資料不難發現，壽險型金控公司（例如：富邦金（2881）與國泰金（2882）），產險公司（例如：台產（2832）與新產（2850）），以及再保險公司的中再保（2851）和保經公司的台名（5878），在現金股利的配發上都比起純壽險公司（例如：中壽（2823）和三商壽（2867））更加大方、更加平穩。

存股》先找配息穩定標的，再用殖利率找買點

在現今定存利率頂多1%、2%的時代，許多投資人都將資金移轉到「定存股」上，冀望股票的高股利與高收益率，可以打敗日漸猖狂的通膨，並且以股利來支付日常開銷與退休生活。為了讓生活無後顧之憂，投資人在篩選存股標的時，除了股息、殖利率之外，股利配發的穩定性更重要，以免發生像是今年多家純壽險公司配不出現金股利的「慘案」。

而股利發放的穩健性可以從：1.公司近年股利發放是否中斷、2.股利金額波動是否過大，2大股利政策穩健度指標來判斷。如果確認公司屬於配息穩定的標的後，就可以依照殖利率進行布局。

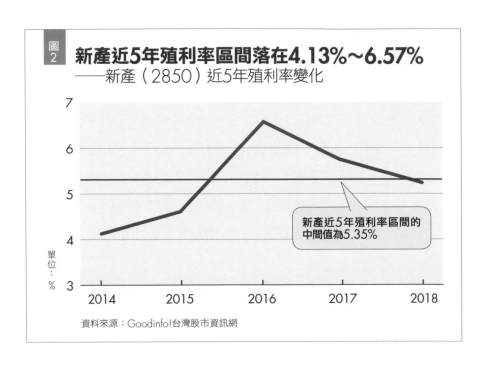

圖2 **新產近5年殖利率區間落在4.13%～6.57%**
──新產（2850）近5年殖利率變化

新產近5年殖利率區間的中間值為5.35%

單位：%

2014　2015　2016　2017　2018

資料來源：Goodinfo!台灣股市資訊網

　　至於投資人應該如何掌握股票買賣的殖利率呢？以產險公司的獲利績優生新產為例，公司近 5 年的殖利率區間在 4.13%～6.57%（詳見圖 2），因此可以取中間值 5.35% 作為買進依據。一旦超過中值則開始買進，低於中值則觀望。另一方面，投資人也可以用標的近 5 年的平均股利作為評價的標準。以新產來說，近 5 年的平均股利為 1.724 元，以此為基準，當殖利率來到 5.35% 以上，也就是股價在 32.22 元（1.724 元 ÷5.35%）以下時買進。藉由殖利率區間中值和股利均值，幫助投資人快速判斷買賣時機。

在存股買賣的操作上，則可以搭配「倒金字塔式」的買進技巧，將資金做分配，每當殖利率向上增加 0.5 個百分點時就增加買進部位，例如：將資金切成 3 份，分別為 20%、30% 和 50%，以新產為例，當殖利率為 5.35% 時，投入 20% 的資金，當殖利率來到 5.85% 時，再投入 30%，當殖利率達到 6.35% 時，投入最後的 50% 資金，藉此平均買進的成本。

波段操作》以股價淨值比1倍為買進標準

純壽險公司和壽險型金控公司，因為每股淨值、獲利容易跟隨市場起伏，所以可以藉由股價淨值比來進行「低買高賣」的操作，至於低買高賣的標準為何？市場上普遍將股價淨值比低於 1.5 倍視為股價被低估的標準，不過，壽險股應該以更嚴格的標準來看待，建議投資人以股價淨值比 1 倍作為買進標準（只要數值低於 1 倍時就可以買進），以免未來壽險股的每股淨值波動過大，造成股價淨值比也隨之快速調整，造成原本低估的股票變成高估。

舉例來說，中壽的每股淨值就從 2017 年的 25.18 元，迅速降低到 2018 年年底的 18 元，如果以股價淨值比 1.5 倍以下作為買進依據，在股價 37.77 元（25.18 元 × 1.5 倍）以下就被視為低估，在淨值變成 18 元時，當時買進的股價淨值比會拉高至約 2 倍

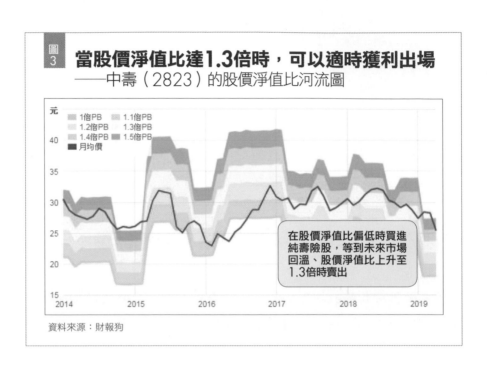

圖3 當股價淨值比達1.3倍時，可以適時獲利出場
——中壽（2823）的股價淨值比河流圖

元

- 1倍PB
- 1.1倍PB
- 1.2倍PB
- 1.3倍PB
- 1.4倍PB
- 1.5倍PB
- 月均價

在股價淨值比偏低時買進純壽險股，等到未來市場回溫、股價淨值比上升至1.3倍時賣出

2014　2015　2016　2017　2018　2019

資料來源：財報狗

的水準，股價反而買貴了。如果以1倍為標準，2017年的標準為25.18元，在淨值跌至18元時，股價淨值比變成約1.4倍，仍然在可接受的範圍內（1.5倍）。

　　賣出時則以個股的股性和股價淨值比區間為主，以中壽為例，依照過去的股價淨值比歷史區間，當數值來到1.3倍時，就視為操作上緣，表示股價已經來到高點，在此時可以賣出獲利（詳見圖3）。

掌握金融股購併題材，搶先卡位賺溢價

壽險業另外一個存股或買進的理由，在於公司有被金控業者收購的潛力。目前多數的壽險業者都面臨需要靠股東增資以強化資本的壓力，而旗下無壽險業務的金控公司，也多半有意願靠購併壽險公司來增加自己的獲利引擎與獲利能力，在雙方情投意合下，購併價格和股價淨值比的溢價往往會為股東帶來不錯的獲利。

以2015年中信金（2891）購併台壽保（已下市）為例，每1股台壽保換1.44股中信金，以當時（2015.05.11）的收盤價計算，台壽保股價30.4元、中信金股價23.2元，中信金相當於以每股33.408元買下台壽保，溢價比將近10%。如果以當時台壽保的每股淨值計算，購併價格與淨值比更高達1.87倍，在低檔存進台壽保的股東相信一定獲利豐厚。

再以近期開發金購併中壽為例，以當日（2017.07.07）中壽的收盤價為30.45元、開發金每股購併價35元計算，購併的溢價率高達15%，股價淨值比約1.5倍，而長期存進中壽的股東，在股票股利配發的加乘下，獲利一定遠高於15%。

目前開發金僅持有中壽35%的股權，開發金預計在2020年底前完全購併中壽，相信中壽未來可能會再有一波購併行情。

公司名稱	股價（元）	購併價（元）	溢價（%）	購併價淨值比（倍）
台壽保	30.40	33.408	9.89	1.87
中　壽	30.45	35.000	14.94	1.50

註：1. 股價為被購併前一個交易日之收盤價；2. 中信金購併台壽保以換股交易，因此購併價為換算之價格；3. 台壽保已經下市，而中壽仍然為上市公司

除了以上2家已經被購併或正在被購併的公司之外，目前上市的三商壽和興櫃的遠壽亦有被購併的可能性，如果投資人能在低檔買進，或掌握題材發酵的時機，未來也有望等到開花結果，在金控業者購併時，嘗到獲利的甜頭。

放大報酬工具
租賃股

填補中小企業資金缺口
融資租賃業商機龐大

融資租賃產業發源於 1950 年代的美國，是企業在銀行金融機構外，取得資金的另一種管道。由於銀行體系主要資金來源是一般大眾的儲蓄，整體風險承受度較低，因此其資金多半只放款給規模較大、體質健全的大企業，而融資租賃產業提供的資金，便成為補足中小企業資金缺口的來源。

根據中租-KY（5871）的 2017 年年報中統計，中小企業從銀行取得之融資額度僅占台灣和中國的銀行融資總額度的 25% 和 15%，剩餘的資金缺口，便需要融資租賃業者填補，可見是相當大的一塊商機。

除了提供中小企業融資，租賃產業的另一模式為：租賃業者向設備供應商購買設備，再將設備租借給承租者。產業的上游包括資金提供者和設備供應商，中游則是租賃業者，下游則是承租人（詳見

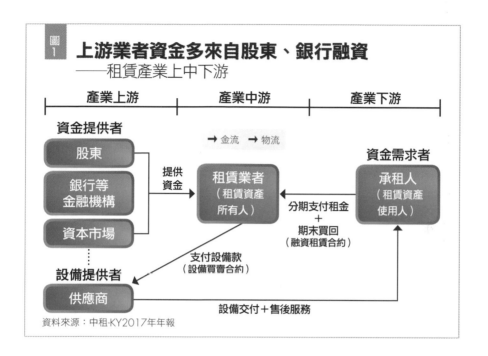

圖1　上游業者資金多來自股東、銀行融資

——租賃產業上中下游

| 產業上游 | 產業中游 | 產業下游 |

資金提供者

股東

銀行等
金融機構

資本市場

→ 金流　→ 物流

提供
資金

租賃業者
（租賃資產
所有人）

資金需求者

承租人
（租賃資產
使用人）

分期支付租金
＋
期末買回
（融資租賃合約）

支付設備款
（設備買賣合約）

設備提供者

供應商

設備交付＋售後服務

資料來源：中租-KY2017年年報

圖1）。其中上游業者的資金來源包括股東自有資金、銀行融資、公司債等，規模較大或體質較健全者，則可能透過上市上櫃等籌措資金。

　　產業中游部分，台灣大致可以分為4種體系（詳見表1），分別為「銀行轉投資租賃公司」、「車商系租賃公司」、「外商系租賃公司」、「企業集團投資租賃公司」。目前上市上櫃公司中除了中租-KY之外，裕融（9941）獲利來源亦以租賃為主，從表1中可

表1 中租-KY屬於企業集團投資租賃公司
——租賃公司的體系分類

體系	業務特色	家數	會員
銀行轉投資租賃公司	具穩定充足的資金來源，業務拓展深度仰賴銀行業之客戶名單，往往集中於大型設備租賃	14	一銀租賃、華南國際租賃、永豐金租賃、華開租賃、台灣工銀租賃、國票金融控股、台中銀租賃、陽信國際租賃、台灣企銀國際租賃、中國信託資產管理、板信國際租賃、合作金庫資產管理、台新大安租賃、台壽保資融
車商系租賃公司	多由車商所成立，業務來源集中於車商自有客戶，透由對租賃資產的知識，提供融資服務予客戶，然而客戶亦受其母公司銷售產品範圍所局限	9	裕融企業、和潤企業、中華資融、新鑫、台灣賓士資融、台灣賓士資融小客車租賃、和新小客車、匯豐汽車、台灣福斯財務服務
外商系租賃公司	多由外資設備製造商或其租賃公司為發展台灣地區業務所成立	5	台灣歐力士、統一東京、台灣菱聯租賃、台灣國際商業機器、斯堪尼亞資融
企業集團投資租賃公司	能夠在客戶選擇及經營策略範疇上更為獨立，除融資服務以外，亦提供多樣化產品與客製化服務，更具靈活與彈性	10	* 中租迪和、中泰租賃、合迪、遠信國際資融、萬泰租賃、日盛國際租賃、遠銀國際租賃、康業資本國際、協新租車、裕富數位資融公司

註：* 中租迪和為中租-KY子公司　　資料來源：中租-KY2017年年報

表2 中租-KY近3年配發股利逐年遞增
── 中租-KY（5871）、裕融（9941）基本面資訊

名稱 （股號）	股價 （元）	2018年 EPS （元）	ROA 近3年 平均 （%）	ROE 近3年 平均 （%）	近3年股利政策（元）			
					項目	2017年	2018年	2019年
中租-KY （5871）	133	10.37	4.09	20.73	現金	3.40	3.80	4.20
					股票	0.00	0.20	0.30
裕融 （9941）	118	9.27	2.42	17.23	現金	4.81	5.90	5.50
					股票	0.00	0.00	1.00

註：1.「股價」為2019.4.10收盤價；2.ROA為資產報酬率，ROE為股東權益報酬率；3.「ROA近3年平均」和「ROE近3年平均」為2016年至2018年財務數字；4.「近3年股利政策」以發放年度認列；5.資料統計至2019.04.10
資料來源：公開資訊觀測站、財報狗網站

以看到，裕融屬於車商系租賃公司，而中租-KY 則為企業集團投資租賃公司，而 2 公司基本面資訊可詳見表 2。

中租-KY》協助中小企業融資租賃，靈活運用資金

中租-KY 的主要服務項目可以分為 5 種，第 1 種為租賃業務，主要協助中小企業透過租賃取得設備使用權，凡具折舊性之固定資產，無論是國內採購或國外進口，均可作為租賃標的物；第 2 種為分期付款業務，代客戶購買營運所需物品後，再以分期付款方式銷售給客戶；第 3 種則為應收帳款受讓管理業務，簡單來說也就是協助廠

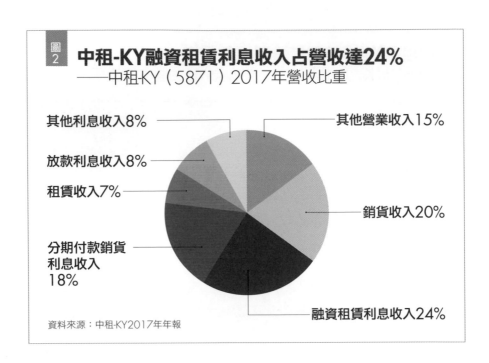

圖 2 **中租-KY融資租賃利息收入占營收達24%**
——中租-KY（5871）2017年營收比重

其他利息收入8%

其他營業收入15%

放款利息收入8%

租賃收入7%

銷貨收入20%

分期付款銷貨
利息收入
18%

融資租賃利息收入24%

資料來源：中租-KY2017年年報

商透過財務融通、催繳、帳款管理等財務操作，來協助中小企業將長天期應收帳款轉為現金，使資金運用更為靈活；第 4 種則為放款，主要提供企業進行直接融資的服務；第 5 種則為其他。

我們也可以觀察中租 -KY 2017 年年報中，得知公司 2017 年各項業務營收比重（詳見圖 2）。不過各項營收比重中，部分帳款很難直接歸類為哪一項服務項目所產生，公司也不一定會揭露的那麼細微，投資人只要大概知道公司的營業收入來源即可（詳見圖解教

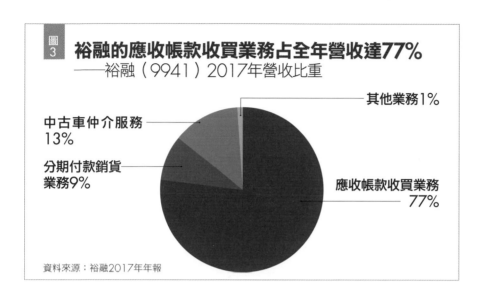

圖3 **裕融的應收帳款收買業務占全年營收達77%**
——裕融（9941）2017年營收比重

其他業務1%

中古車仲介服務
13%

分期付款銷貨
業務9%

應收帳款收買業務
77%

資料來源：裕融2017年年報

學）。

裕融》提供汽車分期付款、中古車貸款仲介業務

另一家租賃公司為裕融，其業務可以大致分為汽車分期付款，以及中古車貸款仲介業務。

分期付款業務是以車輛為交易標的，在消費者付款完成前，裕融保有動產扣押權；中古車貸款仲介業務，則是裕融協助金融機構推廣車貸業務，協助評定借款人之債信及提供帳戶管理服務。

我們也可以從裕融 2017 年年報中得知裕融 2017 年各業務的營收比重，從圖 3 中我們可以看到，應收帳款收買業務占全年（2017 年）營收的 77%，分期付款銷貨業務比重占 9%、中古車仲介服務占 13%，其他業務則占 1%。而應收帳款收買業務和分期付款業務加總，便是汽車分期付款業務。

圖解教學　查詢年報中的各項業務營收比重

STEP 1

進入公開資訊觀測站（mops.twse.com.tw），在❶「基本資料」項下的❷「電子書」中，選擇❸「年報及股東會相關資料（含存託憑證資料）」。

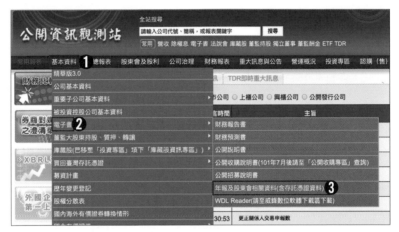

STEP 2

接著輸入❶公司代號或簡稱（此以中租-KY「5871」為例）與欲查詢的年度（因2019年公布的年報資料尚未發布，因此年份輸入改為民國107年），點選❷「查詢」。

接續
下頁

STEP 3

接著點選「股東會年報」旁的❶電子檔案連結,即可開啟欲查詢個股的年報。

電子資料查詢作業

公司名稱:中租-KY

財務報告更(補)正:為該公司最近一次更補正資訊,該公司歷次更補正資訊,請至「財務報告更(補)正查詢作業」查詢

證券代號	資料年度	資料類型	結案類型	股東會性質	資料細節說明	備註	電子檔案	檔案大小	上傳日期
5871	107年	股東會相關資料		常會	開會通知		2018_5871_20180524F01.pdf	1,991,487	107/04/19 09:19:50
5871	107年	股東會相關資料		常會	英文版-開會通知		2018_5871_20180524FE1.pdf	94,089	107/04/19 09:20:16
5871	107年	股東會相關資料		常會	議事手冊及會議補充資料		2018_5871_20180524F02.pdf	734,511	107/04/19 09:20:49
5871	107年	股東會相關資料		常會	股東會各項議案參考資料		2018_5871_20180524F13.pdf	734,511	107/04/19 09:21:09
5871	107年	股東會相關資料		常會	英文版-會議議事手冊		2018_5871_20180524FE2.pdf	752,343	107/04/19 09:21:35
5871	106年	股東會相關資料		常會	股東會年報		2017_5871_20180524F04.pdf	4,925,458	107/05/08 15:40:06
5871	107年	股東會相關資料		常會	年報前十大股東相互間關係表		2018_5871_20180524F17.pdf	64,363	107/05/09 17:08:44
5871	106年	股東會相關資料		常會	英文版-股東會年報		2017_5871_20180524FE4.pdf	4,559,665	107/05/16 14:36:32
5871	107年	股東會相關資料		常會	股東會議事錄		2018_5871_20180524F05.pdf	7,200,315	107/05/31 14:49:54
5871	107年	股東會相關資料		常會	英文版-議事錄		2018_5871_20180524FE3.pdf	8,659,295	107/05/31 14:50:24

電子資料查詢作業

電子檔案:2017_5871_20180524F04.pdf

請點選連結直接開啟或按右鍵另存新檔

STEP 4

從目錄中找到❶「營運概況」項下的「業務內容」所在頁數。

64 伍、營運概況 ❶

(一)業務內容

(二)市場及產銷概況

(三)從業員工最近二年度及截至年報刊印日止從業員工人數、平均服務年資、平均年齡及學歷分布比率

(四)環保支出資訊

(五)勞資關係

(六)重要契約

即可找到❶「營業比重」表格，了解該公司的營收狀況。

(一) 業務內容：

1. 業務範圍：

(1) 所營業務之主要內容：本公司除經營傳統租賃、分期付款及應收帳款受讓業務外，為因應中小企業多元發展之資金需求，近年陸續導入重車融資、小客車融資、營建機具融資、漁貨融資、微型企業融資、不良債權標購、不動產融資、辦公室設備租賃、醫療設備融資、汽車租賃、節能專案融資、太陽能電廠融資投資和工程維運管理、存貨融資 (含跨國)、飛機船舶融資、保險經紀與油品事業等全方位之專業化服務，以踐行「成為客戶成功夥伴」之企業使命。

(2) 營業比重：

單位：新台幣仟元

年度 項目	2017 年		2016 年	
	金額	比重	金額	比重
銷貨收入	8,289,471	20%	7,541,644	20%
分期付款銷貨利息收入	7,610,318	18%	7,281,132	19%
融資租賃利息收入	9,781,840	24%	8,890,413	23%
租賃收入	3,080,320	7%	2,883,217	8%
放款利息收入	3,176,652	8%	3,000,990	8%
其他利息收入	3,191,904	8%	2,857,605	8%
其他營業收入	6,324,194	15%	5,552,775	14%
合計	41,454,699	100%	38,007,776	100%

(3) 目前之商品 (服務) 項目：

① 租賃業務：租賃業務旨在協助中小企業透過租賃取得設備之使用權，緩解以自有資金購置設備的負擔，滿足其營運成長及改善財務結構之需求。本公司租賃業務包括融資租賃與營業租賃兩類，凡具折舊性之固定資產，無論國內採購或國外進口，均可作為租賃標的物，如：機器設備、醫療設備、飛機船舶及辦公設備等。

資料來源：公開資訊觀測站

備抵呆帳覆蓋率<3%
資產品質較佳

　　觀察租賃股財報中，最重要的重點無疑有 2 個：第 1 為獲利能力，第 2 則為資產品質。而一般法人研究員在評斷相關個股的獲利能力時，通常會去拆解出公司的資金成本，並與放款收益率做比較，進而推算出個股的獲利能力，另外也會觀察公司總放款金額的成長速度；資產品質方面，則會對應公司認列財報的方式，使用不同的指標去判斷公司的資產品質。

　　但是對於散戶來說，要獲得相關的資訊，並不是容易的事，而若打電話詢問公司發言人，發言人也不一定會鉅細靡遺的告訴你各項財務比率數字，也不會有公司實際告訴你一些財報的細項是如何計算得來。

　　因此本章以中租 -KY（5871）為例，透過簡單有效的方式，帶領大家簡單了解租賃股的基本面狀況。

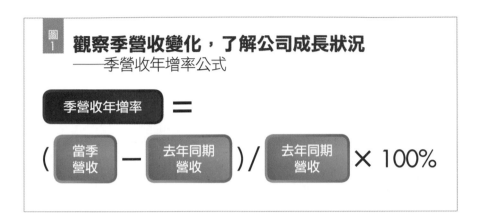

圖1 **觀察季營收變化，了解公司成長狀況**
──季營收年增率公式

$$ 季營收年增率 = (\,當季營收 - 去年同期營收\,)/\,去年同期營收 \times 100\% $$

步驟1》觀察季營收年增率與每股盈餘表現

　　想要觀察公司營運的狀況，最簡單的方法莫過於直接觀察公司的營收變化，但由於每月營收年增率波動太大，而每年營收年增率則有公布時效性太慢的問題，因此本處公式選用了每季的營收年增率（詳見圖解教學❶）。從圖1的公式中，我們可以看到，透過每一季的營收與去年同期相比較，便可以看出公司目前處於成長或是衰退。從中租-KY近5年的季營收年增率（詳見圖2）可以見到，2017年第2季以後，公司營收幾乎每一季都較同期成長逾10%以上，顯見公司放貸業務成長快速。

　　獲利表現方面，我們可以透過「每股盈餘」（EPS）來觀察。從圖

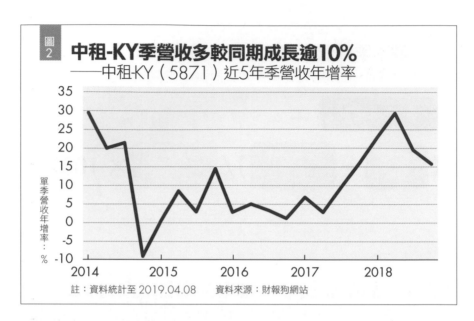

圖2 中租-KY季營收多較同期成長逾10%
——中租-KY（5871）近5年季營收年增率

單季營收年增率：%

註：資料統計至 2019.04.08　　資料來源：財報狗網站

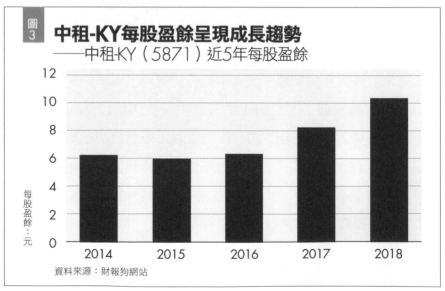

圖3 中租-KY每股盈餘呈現成長趨勢
——中租-KY（5871）近5年每股盈餘

每股盈餘：元

資料來源：財報狗網站

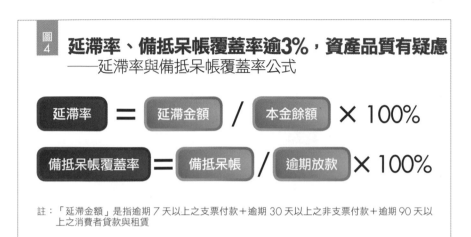

圖4 延滯率、備抵呆帳覆蓋率逾3%，資產品質有疑慮
——延滯率與備抵呆帳覆蓋率公式

延滯率 ＝ 延滯金額 / 本金餘額 × 100%

備抵呆帳覆蓋率 ＝ 備抵呆帳 / 逾期放款 × 100%

註：「延滯金額」是指逾期 7 天以上之支票付款＋逾期 30 天以上之非支票付款＋逾期 90 天以上之消費者貸款與租賃

3 中我們可以看到，近 5 年（2014 ～ 2018 年）以來，中租 -KY 的每股盈餘持續呈現增加趨勢，獲利表現不錯，且可發現若租賃股出現營收年增率增加，但獲利卻沒有明顯成長的時候，通常是因為公司提列更多的呆帳準備。

步驟2》檢查延滯率和備抵呆帳覆蓋率是否逾3%

確認公司獲利狀況仍處於成長後，接著便可以開始檢查資產的品質。可用延滯率與備抵呆帳覆蓋率（詳見圖 4）來確保公司的資產品質。從兩者的計算公式中，我們可以看到不同之處在於，一個分子是延滯金額，另一個則是備抵呆帳，且延滯金額的設定較備抵呆

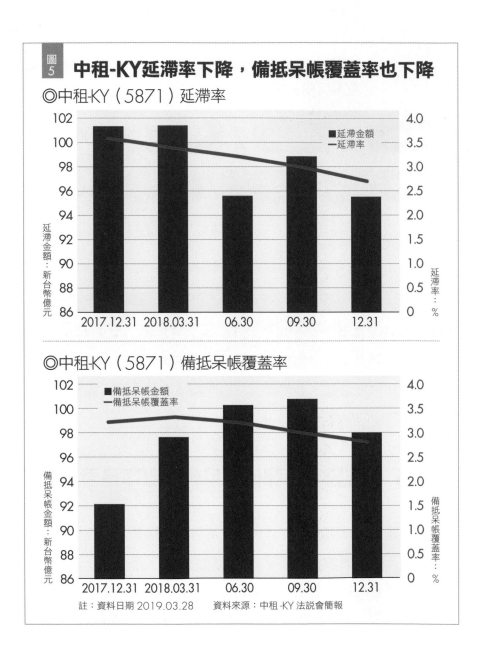

圖5 中租-KY延滯率下降，備抵呆帳覆蓋率也下降

◎中租-KY（5871）延滯率

◎中租-KY（5871）備抵呆帳覆蓋率

註：資料日期 2019.03.28　　資料來源：中租-KY 法説會簡報

帳更嚴格，因此延滯率指標會較備抵呆帳覆蓋率更加敏感，能夠更快察覺公司資產品質的變化。而兩指標一般以 3% 為界線，大於 3% 者資產品質便可能有較大的疑慮。

另外，投資人需留意的是，銀行股需要每月公布逾期放款的相關數據，租賃股則沒有這樣的限制。因此對於一般投資人來說，想要獲得最新的數字，最快速的方式還是留意公司發布的法說會簡報（詳見圖解教學❷）。以中租 -KY 自 2017 年 12 月 31 日至 2018 年 12 月 31 日的延滯率與備抵呆帳覆蓋率表現（詳見圖 5）可發現，隨著延滯率的下降，備抵呆帳覆蓋率也隨之下降，以至 2018 年底來看，延滯率為 2.7%，而備抵呆帳覆蓋率則降至 2.8%，代表既保有良好的資產品質，也讓資金的運用維持高效率。

而總合營收獲利和資產品質變化後，我們便可以得知結論：中租 -KY 除了獲利增加外，也沒有因此犧牲了資產的品質。

圖解教學❶　查詢營收年增率、每股盈餘

STEP 1　進入財報狗網站（statementdog.com／），輸入❶欲查詢的股票代號或名稱（此處以中租-KY的代號5871為例）後，按下搜尋鈕。

STEP 2　進入下個頁面，點選左側欄位的❶「成長力分析」→❷「營收成長率」，中租-KY近幾季的營收成長率便會在右側列表出現。

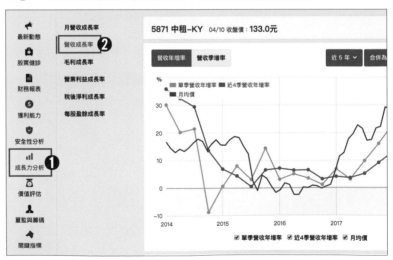

接著，分別設定成❶「近5年」、「合併為主」、「季報」，下方只勾選❷「單季營收年增率」，便能夠清楚得知該公司每季營收年增率資料。

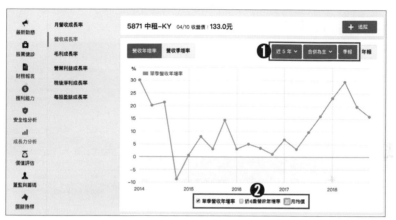

接著，若欲查詢近年個股的每股盈餘，則可點選左側欄位的❶「財務報表」後，點選❷「每股盈餘」，可分別設定❸「近5年」、「合併為主」、「年報」，並於下方只勾選❹「EPS」即可得知近年個股的每股盈餘表現。

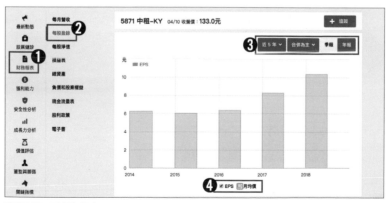

資料來源：財報狗網站

圖解教學❷　查詢法說會簡報

 STEP 1　進入公開資訊觀測站（mops.twse.com.tw），點選❶「彙總報表」項下的❷「法人說明會一覽表」。

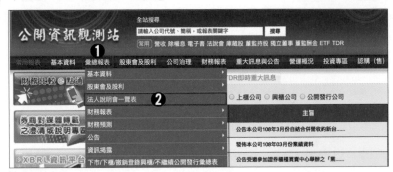

STEP 2　接著輸入❶公司代號（此處以中租-KY的代號5871為例），並點選❷欲找尋的年度及月份（以民國107年4月為例），按下❸「查詢」。

STEP 3　在法人說明會簡報內容中，點選❶中文或英文檔案的連結，便能夠下載該公司的法說會簡報。

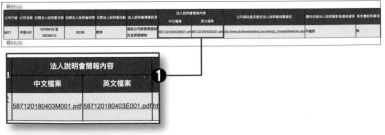

資料來源：公開資訊觀測站

從季營收、KD值 輕鬆抓到買賣點

4-3

在本書 4-1 中有提到，融資租賃業者主要是補足銀行放款的資金缺口，更白話的說，融資租賃業者的目標，是以銀行不願放款的對象為主，也就是風險較高的族群，或是一些規模比較小的企業，因此理所當然，租賃業者承擔的風險較銀行來得更高，也就享有比較高的獲利，投資人可以把相關個股想像成合法的高利貸。也由於公司本身承擔比較高的風險，使股價波動也明顯較其餘金融股大，因此租賃股與其他的金融類股相比，較適合採波段操作。在審視個股的方式上，也會建議投資人用成長股的角度看待，並以波段操作的方式進行操作。以下以中租 -KY（5871）為例，介紹幾種簡單的操作方式。

方式1》季營收年增率操作法

營收規模增加通常意味著公司仍舊處於成長期，而持續處於成長

圖1 **中租-KY季營收年增率可區分3階段**

——中租-KY（5871）季營收年增率

③重回成長期

②成長趨緩期

①快速成長期

單季營收年增率：%

50
40
30
20
10
0
-10

2011　2012　2013　2014　2015　2016　2017　2018

註：資料統計至 2019.04.09　　　資料來源：財報狗網站

的公司，通常市場也會願意給予較高的股價，因此若個股的營收年增率持續處於高檔，或是自低檔翻揚向上的時候，股價通常也會有所表現，而中租-KY 的股價表現，也與營收有明顯相關性。

以中租-KY 的季營收年增率來看（詳見圖1），大致可以分為3個階段，第1階段（詳見圖1①）是初上市時的快速成長期，該階段每季的營收年增率幾乎都高達 30% 以上，從圖2的月線圖中也可以看到，股價從最低點每股 22.85 元，一路噴發到每股 97.8 元。

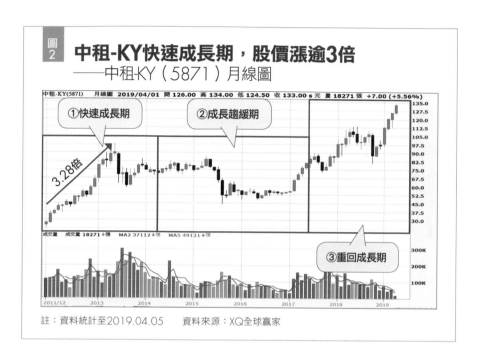

圖2 中租-KY快速成長期，股價漲逾3倍
——中租-KY（5871）月線圖

註：資料統計至2019.04.05　　資料來源：XQ全球贏家

　　第 2 個階段則是成長趨緩期（詳見圖 1 ②），此時公司的營收季增率大幅下滑，2015 年至 2017 年整體營收成長大致在 0 ～ 10% 附近，公司股價也陷入每股 45 元至每股 86 元形成的箱型區間。第 3 個階段則是經過調整後，公司再次重回成長期（詳見圖 1 ③），而股價也終於突破歷史高點，並一路向上噴發。

　　了解營收和股價的相關性後，我們該何時切入呢？大體上可以分為 2 種方式：第 1 種是公司營收連續 2 ～ 3 季快速增加時買進，

第 2 種則是公司營收從谷底翻揚後，營收連續 2 ～ 3 季都維持快速增加時買進。

1. 營收連續 2 ～ 3 季快速增加時買進

以中租 -KY 為例，公司在 2011 年至 2012 年間季營收年增率已經連續 4 季維持在 30% 以上，在 2011 年 12 月底上市後，投資人便可以開始布局。

出場方面，當季營收增長率在 2014 年第 2 季出現下滑時再出場即可，其區間恰巧等於第 1 個階段，若在區間第 1 根 K 棒收盤後以每股 27.5 元買進，並在 2014 年 7 月底確定季營收年增率出現下滑後，出場在 K 棒收盤價每股 79.3 元，期間報酬率可達 188%。

2. 營收從谷底連續翻揚 2 ～ 3 季時再進場

從圖 1 中我們可以看到，中租 -KY 在 2015 年第 4 季和 2017 年第 4 季時，季營收年增率都從 0 ～ 10% 間重新回到 10% 以上的快速增長，但 2015 年第 4 季僅維持一季便滑落，而 2017 年第 4 季開始，才重新回歸連續成長，若我們在 2018 年 4 月底，確定營收已經連續 2 季成長後再進場，我們大致可以買在每股 109 元，隨後股價雖然一度回檔至最低點每股 81.3 元，但隨後便再創新高，若以 2019 年 4 月 10 日的收盤價每股 133 元計算，期間報酬率

亦可達到 22%。

方式2》技術分析買低賣高法

　　由於法人研究員多半會在法說會之前，就先預估出公司未來一段時間的獲利狀態，若是基本面狀況不錯，通常便會有法人先行進駐，股價也很容易先上漲一段，而法說會後再追進的一般投資大眾，常會套到短期高點。

　　因此投資人若是以基本面為主要進出依據的話，在進場的速度上，會較以技術面為主的投資人進場更慢，所以若想要純粹以技術面做進出，也是可行的操作方法。我們可以利用週 K 線、9 週 KD 值指標操作金融股，其操作 SOP 如下：

　　步驟 1》將個股 K 線圖切換到週線，並設定 KD 值指標，參數則為 9 週。

　　步驟 2》當個股週 KD 值指標 K 值和 D 值進入 20 以下的低檔區時，開始留意進場訊號。

　　步驟 3》當週 KD 值指標開始出現黃金交叉，且 K 值和 D 值都脫離 20 以下低檔區時，便可進場買進，此時停損則設在區間最低點。

　　步驟 4》當週 KD 值指標的 K 值和 D 值進入 80 以上的高檔區時，

開始留意出場訊號。

步驟 5》當 KD 值指標死亡交叉，且 K 值和 D 值都脫離 80 以上高檔區時，便可以獲利出場。

至於為何會選擇用週 K 線和 9 週 KD 值指標呢？主要原因有 2 個：

1. 愈長期的 K 線圖，整體的雜訊越少，準確度也會愈高，因此以週 K 線圖來作進出場的依據，成功率會較以日 K 線圖作為依據更高。

2. 金融類股整體波動並不高，當 9 週 KD 值指標進入到 20 以下低檔區的時候，股價絕大部分時候都在相對低檔。

以下分別以兩檔租賃股——中租-KY 和裕融（9941）為例做說明。

中租-KY》以 55.1 元進場，85 元左右出清股票

從中租-KY 股價週線圖（詳見圖 3）中可以看到，週 KD 值的 K 值和 D 值僅在 2015 年 6 月同時進入 20 低檔區，這時也代表股價已經來到相對低檔，我們便要開始關注該股。

接著，週 KD 值指標在 2015 年 9 月 14 日當週成功黃金交叉，且 K 值和 D 值成功脫離 20 的低檔區，這時已經符合進場 SOP，我們可以進場在當週收盤價每股 55.1 元，停損則設在區間低點每

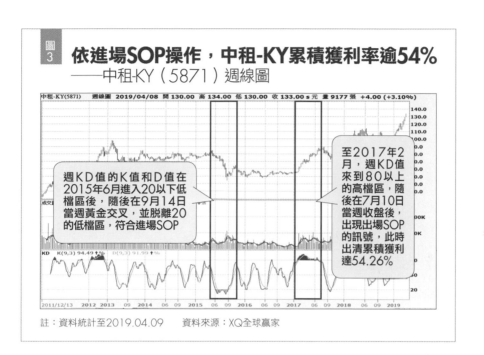

圖3 依進場SOP操作，中租-KY累積獲利率逾54%
——中租-KY（5871）週線圖

週KD值的K值和D值在2015年6月進入20以下低檔區後，隨後在9月14日當週黃金交叉，並脫離20的低檔區，符合進場SOP

至2017年2月，週KD值來到80以上的高檔區，隨後在7月10日當週收盤後，出現出場SOP的訊號，此時出清累積獲利達54.26%

註：資料統計至2019.04.09　　資料來源：XQ全球贏家

股44.5元。隨後股價陷入盤整，直至2017年2月，週KD值指標才來到80以上的高檔區，此時則要開始留意出場訊號。而在2017年7月10日當週收盤後，KD值指標死亡交叉、且K值和D值脫離80的高檔區後，可以在每股85元附近將股票作出清，累積獲利率達54.26%。

裕融》搭配基本面分析，可再放大獲利

另一檔租賃股裕融以同樣方法操作會如何呢？因出現訊號的次數

表1 操作裕融18年，以每股獲利25.2元出場
——裕融（9941）以技術分析買低賣高SOP執行後的結果

進場時間點	進場價格（元／股）	出場時間點	出場價格（元／股）	賺賠金額（元／股）
2000.07.31	45.40	2000.09.18	40.00	-5.40
2000.11.06	35.60	2001.04.16	45.60	10.00
2001.08.27	30.70	2001.09.19	26.70	-4.00
2002.10.28	28.80	2006.06.12	24.15	-4.65
2006.09.25	19.55	2007.06.20	22.50	2.95
2008.09.30	18.65	2008.10.20	16.20	-2.45
2008.12.08	16.15	2009.07.20	28.60	12.45
2011.10.24	57.70	2013.03.25	75.90	18.20
2014.11.03	73.70	2015.08.17	66.80	-6.90
2016.10.03	73.40	2017.03.27	87.90	14.50
2018.09.25	102.00	2018.10.08	92.50	-9.50
2018.11.12	90.30	仍未見出場訊號	－	－
總和				**25.20**

註：1. 進場價格和出場價格，都以發生進出場訊號的當根K棒收盤價格計算，若是收盤價格並未跌破停損價，便不進行停損；2. 於2002.10.28當週收盤前進場後，雖然後續又再次出現新的進場訊號，但由於原先買進後未出現停利和停損訊號，故暫時跳過

較多，整理成表格（詳見表1）讓投資人一探究竟。由於裕融的股價波動模式較為緩慢，使KD值指標出現較多的失敗訊號，但投資近18年，最終仍舊是獲利出場，而且此處尚未加計股利所帶來的額外收入。若是投資人能夠搭配基本面的分析，或是能夠在獲利大

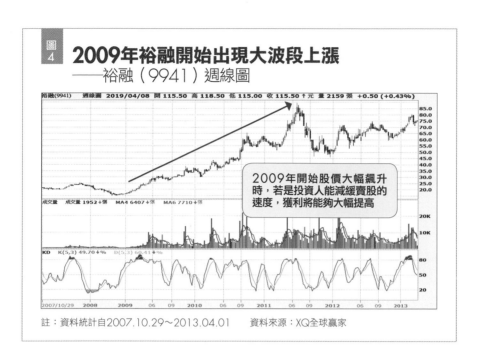

圖4

2009年裕融開始出現大波段上漲
—— 裕融（9941）週線圖

2009年開始股價大幅飆升時，若是投資人能減緩賣股的速度，獲利將能夠大幅提高

註：資料統計自2007.10.29～2013.04.01　　資料來源：XQ全球贏家

幅拉開時，減緩賣股的速度，避免過早將股票出光，也可能再加強該法則的獲利率（詳見圖4），讀者可以再自行研究作變化。

定期定額優選
票券股

Chapter 5

媒合資金供需雙方
票券股成貨幣市場推手

5-1

金融市場可以分為資本市場與貨幣市場兩類，資本市場是指提供1年以上（或未訂期限）之長期資金交易的市場；貨幣市場是指提供1年以下之短期資金交易的市場，供需雙方經第三方（公開方）公證後，直接進行借貸行為。

簡單來說，貨幣市場主要用途為調節到期日小於（或等於）1年期之短期資金的供給與需求，主要參與者可以分為4大類，分別為資金需求者、資金供給者、票券金融公司／銀行、中央銀行（詳見圖1）。其中，資金需求者和資金供給者包括：政府、工商企業、金融機構、個人；票券金融公司／銀行則為中介者；中央銀行則是信用管理者。4大參與者中，各自的市場活動目的，以及參與貨幣市場的方式都不相同（詳見表1）。

而貨幣市場的交易中，主要使用的商品為「票券」，泛指「發行

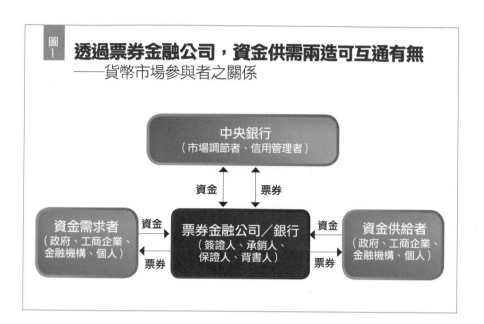

圖1 透過票券金融公司，資金供需兩造可互通有無
──貨幣市場參與者之關係

期間為 1 年內的付息證券」。資金需求者發行票券，以獲得短期營運所需的資金，相關交易工具有：國庫券、商業承兌匯票、銀行承兌匯票、商業本票、可轉讓之銀行定期存單與其他經財政部核准之短期債務憑證。

國庫券是指，政府為了滿足「先支後收」所產生的臨時性資金需要而發行的短期債券；商業承兌匯票是指，委託付款人在指定日期無條件支付確定的金額給收款人或持票人的票據，向收款人或付款人兌換；銀行承兌匯票是指，委託付款人在指定日期無條件支付確

表1 政府利用發行國庫券的方式來穩定金融市場
——貨幣市場參與者與活動目的

參與者	角色	市場活動目的	活動方式
資金需求者	政府	調節國庫收支與穩定金融	發行國庫券
	工商企業	融通商業交易	發行商業本票
	金融機構	流動性需求	發行銀行可轉讓定期存單
	個人	短期資金周轉	出售持有的票券
資金供給者	政府、工商企業、金融機構、個人	運用剩餘資金從事短期投資，以賺取報酬	購買票券
票券金融公司／銀行	簽證人、承銷人、保證人、背書人	促成票券發行以賺取手續費，並且活絡貨幣市場	簽證、承銷、保證、背書、自營、買賣
中央銀行	市場調節者、信用管理者	藉由公開市場操作以調節市場資金	銀根緊縮時買入票券以放出貨幣，銀根寬鬆時發行票券（包括定期存單、短期債券與未滿1年之國庫券）以收回貨幣

定的金額給收款人或持票人的票據，向銀行兌換；商業本票是指，保證自己在約定的日期或見到此票據時，無條件支付確定的金額給特定人或其指定人，此種商品通常較匯票經過更多金融機構保證；可轉讓之銀行定期存單是指，由銀行承諾於指定到期日，按票載利率條款付予定期存款戶本息並得自由轉讓之存款憑證。

圖2 票券公司包含簽證、承銷、經紀等6大業務
——票券公司主要業務

簽證
承銷
保證或背書

票券公司
6大業務

承兌
自營
經紀

在貨幣市場中，因為參與者相當分散，所以資金供需雙方大多要透過中介者的協助，才能迅速又合理的達成交易，而票券業者便應運而生，其業務可以分為6種，分別為簽證、承銷、保證或背書、承兌、自營、經紀，並且藉由6種業務活絡貨幣市場（詳見圖2）。目前台灣上市櫃公司中，以票券業務為主體的金融業者有兩家，分別是國票金（2889）與華票（2820）（詳見表2）。

從法說會簡報，了解公司組織架構與營運重點

至於國票金與華票的營運狀況為何，投資人可以透過公開資訊觀測站來下載這兩家公司的法說會簡報，進而了解公司的組織架構、財務報表、營運重點等資訊。從法說會簡報中，投資人可以了解國

147

表2 國票金與華票近3年ROE都有6%的水準
──國票金（2889）與華票（2820）基本面資訊

名稱（股號）	股價（元）	2018年EPS（元）	ROA近3年平均（%）	ROE近3年平均（%）	近3年股利政策（元）			
					項目	2017年	2018年	2019年
國票金（2889）	10.35	0.72	0.87	6.49	現金	0.55	0.65	0.45
					股票	0.15	0.12	0.10
華票（2820）	14.70	0.99	0.69	6.33	現金	0.84	0.71	0.79
					股票	0.00	0.00	0.00

註：1. 股價為 2019.04.10 收盤價；2.「ROA 近 3 年平均」和「ROE 近 3 年平均」為 2016 年至 2018 年的財務資訊；3. 近 3 年股利政策為股利發放年度；4. 資料統計至 2019.04.10
資料來源：公開資訊觀測站、財報狗

票金的組織結構，目前國票金旗下的 3 大公司分別為：國際票券、國票證券、國票創投。

國際票券的主要業務有：票券經紀、自營、承銷、保證、背書、簽證，債券自營、承銷、簽證，以及投資相關股權商品、同業拆款經紀、可轉債資產交換和經主管機關核准辦理之衍生性金融商品等；國票證券的主要業務有：證券經紀、自營、承銷，期貨經紀和信託，以及投資顧問、股務代理等；國票創投的主要業務有：租賃業務、對被投資事業提供企業經營，或直接提供資本等。

表3
國際票券為國票金控的金雞母，營收貢獻達88%
——國票金控營收比重

公司	2014		2015		2016		2017	
	金額	貢獻度	金額	貢獻度	金額	貢獻度	金額	貢獻度
國際票券	1,643	91.10	1,873	105.90	2,111	90.84	2,251	**88.00**
國票證券	39	2.20	34	1.90	123	5.29	231	9.03
國票創投	122	6.70	-138	-7.80	90	3.87	76	2.97
合計	1,804	100.00	1,769	100.00	2,324	100.00	2,558	100.00

註：1. 資料統計至 2017.12.31；2. 金額單位為新台幣百萬元、貢獻度單位為 %
資料來源：公開資訊觀測站

　　簡單劃分的話，國際票券和國票證券的業務類似，只是一個以票券相關業務為主，另一個以證券相關業務為主，兩家公司的收入來源大致可以分為「經紀」、「承銷」、「自營」：經紀主要是賺取將買賣單送到交易所撮合的手續費；承銷主要是賺取新產品掛牌時，各項相關事宜的處理費用；自營主要是賺取公司以自有資金操作金融商品，並且從中賺取價差。國票創投主要提供新創企業資金租賃、諮詢、提供資本。而透過法說會簡報，國票金控的營收比重也可以一目了然（詳見表 3）。

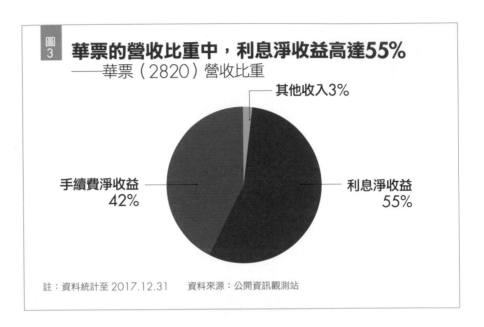

圖3 華票的營收比重中,利息淨收益高達55%
——華票(2820)營收比重

其他收入3%

手續費淨收益
42%

利息淨收益
55%

註:資料統計至 2017.12.31　　資料來源:公開資訊觀測站

　　另外一家票券公司——中華票券,其票券業務包括商業本票、銀行承兌匯票、銀行可轉讓定期存單、國庫券、資產基礎證券;債券業務包括政府債券自營、公司債券自營、金融債券自營、外幣債券,所從事的業務包含經紀、自營、承銷、保證、背書、簽證。

　　由於一般公司在整理財報的時候,並不會刻意把6大業務拆開計算,通常只會簡單分成手續費收入和利差收入,因此,投資人只要大致了解其營收比率即可。而華票的營收比重,利息占55%、手續費占42%(詳見圖3)。

資產報酬率＋資本適足率
最能反映票券股體質

5-2

在了解各個票券公司的營收來源後，投資人就能對這些公司有基本的認識，但是，接下來要如何從中選出基本面良好的標的呢？首先，投資人可以透過 5-1 表 2 的數據，以充分掌握國票金（2889）與華票（2820）2 家票券公司的基本獲利狀況；接著，再從年報中找出幾個檢驗資產品質的關鍵指標，以確保公司的營運是處於穩定的狀況。

從國票金與華票兩家公司近 11 年的獲利與配息狀況可以看出，華票整體的獲利狀況，除了 2009 年之外，都比國票金來得好（詳見表 1）。如果將現金股利和股票股利合併計算，華票有較高的現金股利，不過，只有國票金會配發股票股利。

除了高獲利或高股利是選股的依據之外，公司能承擔的風險大小，也是相當關鍵的因素，因此，本文將介紹 2 個重要指標：資產報酬

率（ROA）和資本適足率（RBC），來判斷票券公司是否充分運用手上的資金，並且可以承受一定程度的風險。而這 2 個關鍵指標除了能簡單看出資產品質的狀況之外，也是比較容易取得的數據，投資人可以從財報狗、公開資訊觀測站等網站中免費取得。

資產報酬率》衡量每單位資產能帶來的利潤

會計恆等式中，資產等於負債加上股東權益（又稱為淨值）。一般來說，公司資金結構多半是以股東權益為主，再搭配上適量的負債，而資金主要來自於各個股東。金融業則不相同，因為其資金來源多半來自於銀行存款，以及向同業（和政府）的拆借、舉債，所以負債通常會高達公司總資產的 80% 以上。

因此，透過 ROA，投資人可以衡量金融業者的每 1 元資產，究竟能帶來多少的稅後純益，進而判斷公司資金運用的效率好壞，並且檢查近幾年的狀況有沒有出現異常，而觀察票券公司的體質亦同。而 ROA 的公式為：「資產報酬率＝稅後純益／總資產」，不過，投資人也不用自己動手計算，可以透過免費網站，一步步找到各公司近年來的 ROA 數據（詳見圖解教學❶）。

投資人可以發現，近年國票金每季的 ROA 大致上在 0.1%～0.3%

表1 近11年來，華票的股利政策普遍優於國票金
——華票（2820）與國票金（2889）配息狀況

名稱	項目	2008	2009	2010	2011	2012	2013	2014	2015	2016	2017	2018
華票	EPS（元）	0.69	0.98	1.14	3.16	0.87	1.04	1.03	1.20	1.22	1.01	0.99
	現金股利（元）	0.89	0.86	0.81	1.50	0.80	0.70	0.72	0.83	0.84	0.71	0.79
	股票股利（元）	0.00	0.00	0.00	0.00	0.00	0.00	0.00	0.00	0.00	0.00	0.00
	合計（元）	**0.89**	**0.86**	**0.81**	**1.50**	**0.80**	**0.70**	**0.72**	**0.83**	**0.84**	**0.71**	**0.79**
國票金	EPS（元）	-1.28	1.26	0.97	0.63	0.55	0.52	0.66	0.58	0.78	0.86	0.72
	現金股利（元）	0.00	0.20	0.40	0.30	0.18	0.23	0.29	0.26	0.55	0.65	0.45
	股票股利（元）	0.00	0.65	0.52	0.40	0.30	0.23	0.30	0.26	0.15	0.12	0.10
	合計（元）	**0.00**	**0.85**	**0.92**	**0.70**	**0.48**	**0.46**	**0.59**	**0.52**	**0.70**	**0.77**	**0.55**

註：1. 資料統計至 2019.04.10；2. 股利為獲利所屬年度
資料來源：財報狗

之間波動（詳見圖1），與大多數金控公司沒有兩樣，整體波動並不明顯，顯示公司業務的穩定性很高，事實上，以票券為主體的金

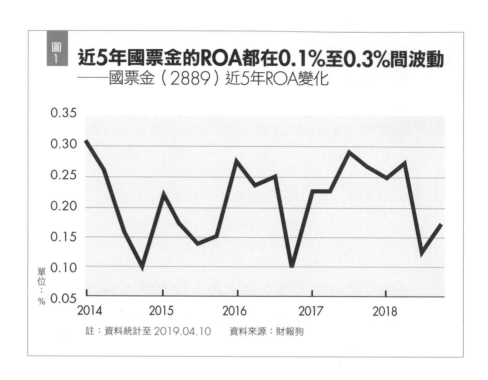

圖1 **近5年國票金的ROA都在0.1%至0.3%間波動**
——國票金（2889）近5年ROA變化

註：資料統計至 2019.04.10　　資料來源：財報狗

融機構，由於資金的應用都是以短期為主，因此，整體波動性也會比以壽險為主體的金融機構來得更低。

資本適足率》衡量公司資金能承受風險的程度

資本適足率主要用來衡量公司資金承受風險的程度，其公式為「資本適足率＝自有資本／風險性資產總額 ×100%」。當數值愈大時，代表公司風險性資產的占比愈低，風險也較小；當數值愈小時，代

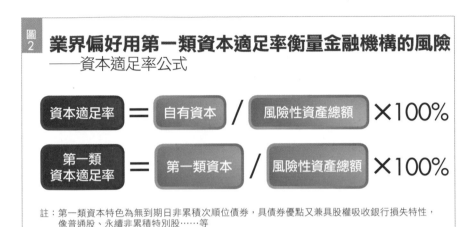

圖2 **業界偏好用第一類資本適足率衡量金融機構的風險**
——資本適足率公式

資本適足率 ＝ 自有資本 / 風險性資產總額 ×100%

第一類資本適足率 ＝ 第一類資本 / 風險性資產總額 ×100%

註：第一類資本特色為無到期日非累積次順位債券，具債券優點又兼具股權吸收銀行損失特性，像普通股、永續非累積特別股……等

表公司風險性資產的占比愈高，風險也較大。

　　而自有資本＝第一類資本＋第二類資本＋第三類資本，如果以第一類資本除以風險性資產總額，即為「第一類資本適足率」（詳見圖2）。其中，第一類資本相較第二類資本和第三類資本來說安全性更高，因為其性質比較接近股票，並沒有一定要配發股息的壓力，因此吸收虧損的能力較強，這也是為何利用第一類資本適足率來判斷公司的安全性，會較單純使用資本適足率更加嚴謹。目前國外也比較偏好使用第一類資本適足率來衡量金融機構的風險，台灣雖然兩者都會公布，但一般公司還是比較強調整體的適足率，基本上以100%為界線。

圖3 國票金資本適足率穩定，介於168%至178%
——國票金（2889）資本適足率變化

單位：%

註：資料統計至2018.05.28　　　資料來源：公開資訊觀測站

　　資本適足率也可以從各公司所公布的年報中找尋（詳見圖解教學❷）。檢視國票金近5年的資本適足率（詳見圖3）可以發現，與大多數集團金控普遍介於120%～170%的水準相比，公司處於相對高的水準，而且整體波動不大，顯示國票金整體營運相當穩健。

　　不過，投資人必須留意，年報的資料1年只會公布1次，並且在股東會前7日才會發布，因此，投資人所取得的資料通常比較舊，只能看出過去幾年的波動，而最新季度的資本適足率，則要從法說會所公布的簡報中查詢。

圖解教學❶　查詢資產報酬率

STEP 1　進入財報狗網站首頁（statementdog.com），在畫面中間搜尋列中輸入想要查詢的股號或股名（此處以❶「2889國票金」為例），接著按下❷「查詢符號」。

STEP 2　進入下一個頁面後，點選左側欄位❶「獲利能力」→❷「ROE／ROA」，就可以看到國票金近5年的數據。

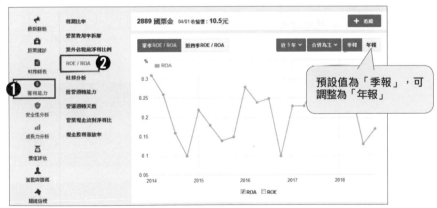

> 預設值為「季報」，可調整為「年報」

資料來源：財報狗

圖解教學❷ 查詢資本適足率

STEP 1 進入公開資訊觀測站首頁（mops.twse.com.tw），在上方搜尋列中輸入❶「年報」，並且按下❷「搜尋」。

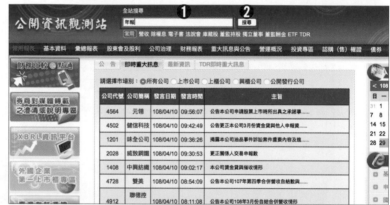

STEP 2 進入下一個頁面後，點選❶「年報及股東會相關資料（含存託憑證資料）」。

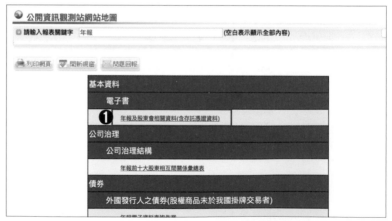

STEP 3

接著，在中間搜尋列中輸入想要查詢的標的（此處以❶「國票金2889」為例），接著按下❷「查詢」，此時畫面中間會跳出對話框，最後再點選❸「請點選這裡」

 STEP 4

進入下一個頁面後，點選中間❶「股東會年報的PDF檔」，便可以開啟國票金最新的年報資料。

電子資料查詢作業

公司名稱：國票金控

證券代號	資料年度	資料類型	結案類型	股東會性質	資料細節說明	備註	電子檔案	檔案
2889	107年	股東會相關資料		常會	開會通知		2018_2889_20180615F01.pdf	55
2889	107年	股東會相關資料		常會	英文版-開會通知		2018_2889_20180615FE1.pdf	15
2889	107年	股東會相關資料		常會	議事手冊及會議補充資料		2018_2889_20180615F02.pdf	6,89
2889	107年	股東會相關資料		常會	英文版-會議議事手冊		2018_2889_20180615FE2.pdf	42
2889	107年	股東會相關資料		常會	股東會各項議案參考資料		2018_2889_20180615F13.pdf	11
2889	106年	股東會相關資料		常會	❶ 股東會年報		2017_2889_20180615F04.pdf	2,88
2889	107年	股東會相關資料		常會	年報前十大股東相互間關係表		2018_2889_20180615F17.pdf	19
2889	107年	股東會相關資料		常會	股東會議事錄		2018_2889_20180615F05.pdf	7,10

接續
下頁

STEP 5

從目錄中找到❶「財務概況」，並且從中找出子項目❷「最近五年度財務分析」所在頁數。

STEP 6

找到該頁數（第117頁）後，投資人就可以見到國票金控近5年的❶「集團資本適足率」數據。

分析項目 \ 年度	102 年 (註 1)	103 年 (註 1)	104 年 (註 1)	105 年 (註 1)	106 年 (註 1)	107年截至3月31日(註2)
集團合格資本淨額(佰萬元)	22,594	25,527	26,495	27,205	28,718	
各子公司法定資本需求(佰萬元)						
國際票券金融公司	11,544	12,160	12,180	13,467	13,666	
國票綜合證券公司	3,373	2,662	2,759	2,488	2,911	
國票創業投資公司	697	954	952	1,044	1,152	
集團法定資本需求總額(佰萬元)	13,464	14,776	14,880	16,086	16,661	-
❶ 集團資本適足率(%)	167.81	172.76	178.06	169.12	172.36	
依金融控股公司法第四十六條規定應揭露所有子公司對同一人、同一關係人或同一關係企業為授信、背書或其他交易行為之加計總額或比	125,786	135,245	204,660	194,765	217,490	

資料來源：公開資訊觀測站

人人都能學會存到 100 張金融股全圖解

定期定額布局票券股
5-3 7年存到100張

相較於電子股，金融股股價的波動比較不明顯，不過，因為金融股擁有較高的股息，所以投資人不需要承擔過大的風險。整體來說，金融股的表現相當穩健，因此也吸引了不少穩健型的投資人進行長期投資。

檢視關鍵2指標，作為選擇存股標的依據

如果投資人是要追求低買高賣，以賺取價差，股價波動較大的電子股無疑是更好的選擇。因為選擇一個價格波動變化小的商品（金融股），同時又希望從中獲取價差，從邏輯上來看，是說不通的。因此，本文在介紹票券股的操作時，會比較著重在長期投資，並且以存股為主的操作法，帶領投資人從零開始，一步步增加持股。

選擇票券股的存股標的時，最重要的 2 個關鍵為：股息配發金額

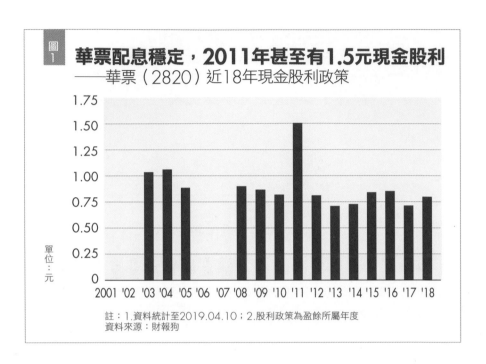

圖1 華票配息穩定，2011年甚至有1.5元現金股利
——華票（2820）近18年現金股利政策

註：1.資料統計至2019.04.10；2.股利政策為盈餘所屬年度
資料來源：財報狗

是否夠高、進場股價是否夠低。配發的股息夠高，投資人才能獲得較高的投資報酬率，而股價要能維持在買進價格之上，才不會出現賺股息、賠價差的狀況。因此，投資前，必須先檢視以下 2 個關鍵指標：

指標 1》歷年配息狀況

圖 1 為華票（2820）近年來的股利政策，投資人可以觀察到，除了 2001 年、2002 年、2006 年、2007 年股利政策為零之外，

圖 2

國票金持續配發股票股利,讓持股能快速增加

——國票金(2889)近18年股利政策

單位:元

■ 現金股利
■ 股票股利

2001 '02 '03 '04 '05 '06 '07 '08 '09 '10 '11 '12 '13 '14 '15 '16 '17 '18

註:1.資料統計至2019.04.10;2.股利政策為盈餘所屬年度
資料來源:財報狗

其餘每年度都有配發逾 0.7 元的現金股利,不但殖利率表現不錯,而且配息也相當穩定。

另外,圖 2 為國票金(2889)近年來的股利政策,除了 2001 年、2002 年、2008 年股利政策為零之外,其餘每年度幾乎都有配發將近 0.5 元以上的股利(現金股利+股票股利),可見公司配息狀況和殖利率皆不錯。2009 年至 2018 年,國票金甚至會配發股票股利,對於存股族來說,可以更快增加自己的持股量。因此,總體

來看，國票金和華票兩家公司的股利政策都相當穩定。

指標 2》股價波動狀況

扣除掉金融股飆漲的 1990 年代，從 2000 年開始，票券股的低點大概落在兩個時間點，一個是 2000 年、另一個是 2008 年。前者是發生網路泡沫，後者發生金融海嘯，因此都使得股市面臨明顯的修正。但是，從月 K 線圖來觀察，其實票券股每個月的價格變化都不太大，因此，對於一般投資人來說，持續穩定的將資金投入，自然能壓低整體持有成本，如果進場價格夠低，再加大買進的張數，則可以將獲利極大化。

觀察票券股的股價區間，華票的股價自 2000 年以來，價格區間便落在 3.13 元至 16 元間（詳見圖 3）。如果以月 K 線圖來看，華票每個月的價格變動其實都很小，代表公司整體營運相當穩定。由於華票經營穩健，現金股利又高，股價相對國票金強勢，因此，投資人平時可以採取定期定額的方式進場，並且在重大市場危機時刻（例如：股價跌破 10 年線，而目前公司 10 年線約在 11.93 元），則可以考慮加大資金力道，甚至在平時有儲蓄時，利用單筆投資的方式一次大量買進。

另外，國票金的價格區間則落在 4.62 元至 17.62 元間（詳見圖

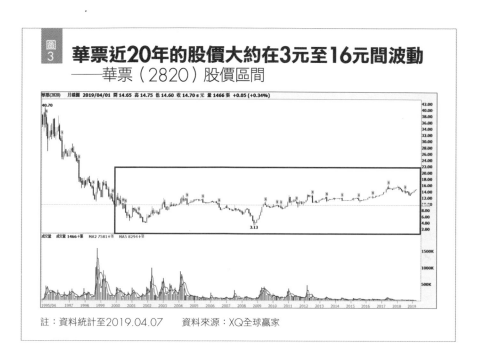

圖3 **華票近20年的股價大約在3元至16元間波動**
——華票（2820）股價區間

註：資料統計至2019.04.07　　資料來源：XQ全球贏家

4）。與華票相比，國票金的月K線圖中，其股價波動範圍比華票明顯，而且股價趨勢也不像華票一樣是一路穩定向上。除了經營績效的落差之外，另外一個原因就是股票股利稀釋了公司的每股盈餘（EPS）。當公司樂於發放股票股利時，投資人就要留意，公司獲利成長的速度能否跟上股本膨脹的速度。國票金的存股方式如同華票，平時定期定額進場，一旦市場出現系統性的危機時則大量買進。

總體來看，國票金和華票都是相當穩健的公司，是不錯的存股標

的。至於小資族如果每個月拿出 1 萬元的閒置資金進行存股,要多久的時間才能存到 100 張的國票金或華票呢?本次試算的開始日期,將避開金融海嘯期間(2008 年～ 2009 年),以避免刻意誇大報酬率的疑慮。另外,如果股價價款超過 1 萬元時,則以零股的方式購買標的。

這樣的策略會帶來什麼樣的績效呢?從統計資料可以發現,自 2010 年年初開始至 2018 年年底,如果每月月初拿 1 萬元買進華票,在 2016 年年底已經可以存到 10 萬 308 股,等於花 7 年的時間達到存 100 張金融股的目標。如果此策略一直執行到 2018 年年底,年化報酬率則達 10.08%,投資人也會存到 12 萬 8,757 股華票。

雖然華票無配股票股利,但是績效優於國票金

至於國票金,如果以同樣的策略執行存股,在 2016 年年底總計可以存到 10 萬 9,256 股國票金,與華票一樣能夠在 7 年達到存 100 張金融股的目標,不過,如果此策略一直執行至 2018 年年底,年化報酬率僅 6.24%,投資人總共會存到 15 萬 2,902 股國票金。

比較華票與國票金的存股方式也可以發現,就長期報酬率來看,

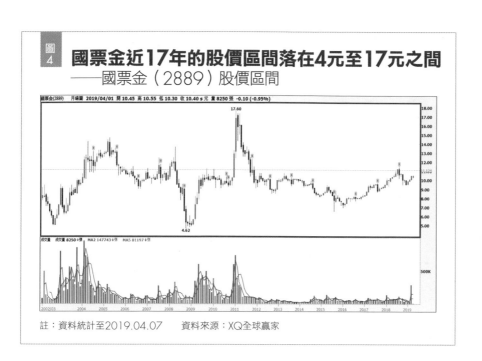

圖4

國票金近17年的股價區間落在4元至17元之間
——國票金（2889）股價區間

註：資料統計至2019.04.07　　資料來源：XQ全球贏家

股票股利發得多，不一定賺得多。以同樣的方法存這 2 檔股票，只發現金股利的華票，其年化報酬率硬是比國票金多出近 4 個百分點。雖然投資人比較快達成存到 100 張國票金的目標，但是從獲利來看，卻是存華票的投資人勝出。其實兩者的勝敗，還是要看經營績效，也就是 EPS、資產報酬率（ROA）、股東權益報酬率（ROE），以及資本適足率等財務安全穩健的相關數據。未來國票金能否翻身？或者是華票將一路領先下去，投資人應該每季追蹤最新財報才能了解。

圖解教學　查詢個股年化報酬率

 STEP 1　進入Alpha168首頁（blog.wessiorfinance.com），點選上方的❶「存股試算」。

STEP 2　進入下個頁面後，輸入想要查詢的❶「股票名稱或代碼」、❷「單筆或每月投入金額」、❸「開始日期」與❹「結束時間」，最後按下❺「每月投入」。此處設定從2010年1月1日開始，每月投入1萬元購買華票（2820），直到2018年12月28日止。

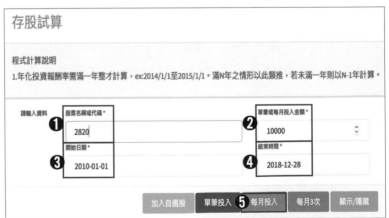

最後，系統會顯示這段時間華票的年化報酬率為❶「10.08%」，同時也會顯示所有累積股數為❷「128,757」。

華票 (2820)

年度	現金股息	股票股息	合計	平均成本	殖利率	淨值	累積投入成本	累積獲利	年度獲利
2010	5,556	0	5,556	65,000	8.55%	144,638	120,000	24,638	24,638
2011	15,535	0	15,535	185,000	8.4%	275,340	240,000	35,340	10,703
2012	47,201	0	47,201	305,000	15.48%	465,248	360,000	105,248	69,908
2013	36,651	0	36,651	425,000	8.62%	644,764	480,000	164,764	59,516
2014	41,545	0	41,545	545,000	7.62%	779,670	600,000	179,670	14,906
2015	53,580	0	53,580	665,000	8.06%	968,029	720,000	248,029	68,359
2016	73,605	0	73,605	785,000	9.38%	1,304,004	840,000	464,004	215,975
2017	87,223	0	87,223	905,000	9.64%	1,760,420	960,000	800,420	336,416
2018	84,048	0	84,048	1,025,000	8.2%	1,763,971	1,080,000	683,971	-116,449
累積	444,944	0	444,944	545,000	81.64%	累積股數	128,757	年化報酬率	10.08%

資料來源：Alpha168

波段投資利器

Chapter 6

證期股

與景氣連動性高
證期類股適合短線操作

6-1

在金融股這個「水果盤」中，還有一種類股與投資人息息相關，只要你有在金融市場中進出，你就是花錢、奉獻這種類股營收的消費者。

是什麼類股這麼厲害？答案就是證期類股。沒錯！就連收取交易手續費都能讓一家公司掛牌上市。

不過，證期類股也不是只有收手續費這麼簡單，依照業務進一步細分，可分為「經紀商（Broker）」、「自營商（Dealer）」和「承銷商（Underwriter）」，也就是說，其業務包含了「經紀」、「自營」和「承銷」3大類（詳見圖1），有些公司則為綜合型的證券商或期貨商，業務範圍會含括上述多個項目。

以下分別說明經紀、自營和承銷3大類業務的範疇，以及證期類

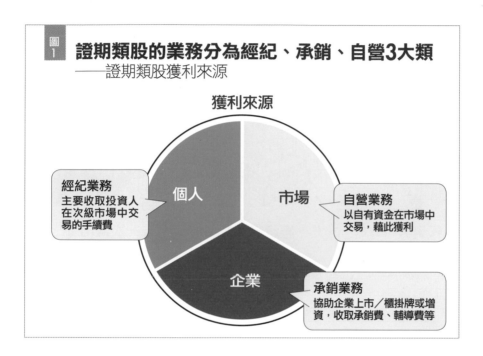

圖1 **證期類股的業務分為經紀、承銷、自營3大類**
——證期類股獲利來源

獲利來源

經紀業務
主要收取投資人在次級市場中交易的手續費

個人

市場

自營業務
以自有資金在市場中交易，藉此獲利

企業

承銷業務
協助企業上市／櫃掛牌或增資，收取承銷費、輔導費等

股的公司在中間扮演的角色和獲利模式。

經紀業務》賺取投資人的交易手續費

先來看看與投資人最有關聯的「經紀業務」，説穿了，其實就是「手續費」收入（詳見圖2）。

投資人只要在次級市場（詳見名詞解釋）中交易，包含股票、權

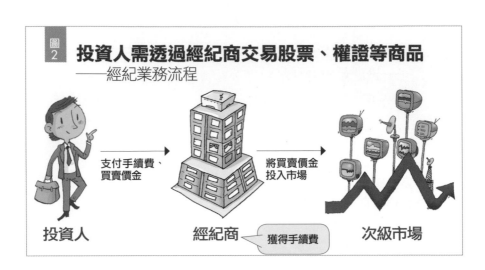

圖2 **投資人需透過經紀商交易股票、權證等商品**
——經紀業務流程

支付手續費、買賣價金

將買賣價金投入市場

投資人　　　　　　經紀商　[獲得手續費]　　　　次級市場

證、期貨、選擇權等等，都需要繳交手續費和稅費（詳見表1），其中手續費是給經紀商，稅費是繳給政府。雖然證券商以及期貨商因為競爭激烈，常常會提供手續費折扣予投資人，但是就算手續費再便宜，也都是一筆支出。

　　而且，因為經紀商提供的是「經紀」服務，也就是協助投資人在

💰 **名詞解釋**

次級市場

次級市場（Secondary Market）又稱為「流通市場」，是指證券發行後進行交易的市場；相對地，若「政府或企業為籌措資金，提供新的股票或債券等給投資人」，則為初級市場（Primary Market），又稱「發行市場」、「第一市場」。

表1 股票、權證的手續費最高為成交金額的0.1425%

——金融商品交易手續費

金融商品	交易手續費（給經紀商）	稅費（給政府）
股　　票	最高收取成交金額的 0.1425%，若低於 20 元，則收取 20 元	成交金額的 0.3%，僅賣出時收取
權　　證	最高收取成交金額的 0.1425%，若低於 20 元，則收取 20 元	成交金額的 0.1%，僅賣出時收取
期　　貨	台指期：約 60 元～ 100 元／口 小型台指期：約 30 元～ 50 元／口 股票期貨：約 50 元～ 100 元／口	交易契約金額的 10 萬分之 2，買、賣時各需支付一次
選擇權	約 15 元～ 25 元／口	交易契約金額的 0.1%，買、賣時都各需支付一次

註：上述金融商品的交易手續費為買、賣時都各需支付一次

次級市場中仲介撮合買賣，所以，投資人最終不論是賺錢或者賠錢，皆須付出這一筆手續費用，想逃也逃不掉。這就跟委託別人代買東西一樣，總不能買了發現不喜歡，還要求對方幫忙退貨、付運費吧？

這些手續費收入就是經紀商的「營收」來源，但因為證券商或期貨商有其成本，譬如人力、軟體，以及繳交給證交所、期交所的交易經手費（詳見表 2）等，所以扣除相關的費用後，剩下的才是經

表2　期貨商須繳交2種費用給期交所
——期貨商繳交給期交所的相關費用

金融商品		交易經手費（元／口）	結算／交割手續費（元／口）
期　貨	台指期、電子期、金融期	12.0	8.0
	小型台指期	7.5	5.0
	股票期貨	3.0	2.0
選擇權	台指選擇權、電子選擇權、金融選擇權	6.0	4.0
	股票選擇權	3.0	2.0

註：1. 買進和賣出時，期貨商須繳交交易經手費和結算手續費；若結算日未平倉須進行交割，則須繳交交割手續費；2. 資料日期為 2019.04.10
資料來源：台灣期貨交易所

紀商的獲利。

　　整個獲利流程是這樣的：假設投資人委託買進 1 口台指期，繳交保證金 10 萬 7,000 元，以及支付買進的手續費 60 元給期貨商、10 萬分之 2 的交易稅給政府，但期貨商拿到手續費 60 元後，需要給台灣期貨交易所交易經手費和結算手續費共 20 元，所以實際上只有 40 元入了期貨商的口袋。

　　但是，維護看盤軟體要錢、聘請營業員須支付薪水……，所以這

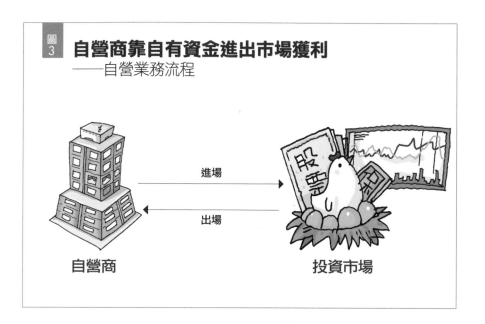

圖3 自營商靠自有資金進出市場獲利
——自營業務流程

進場

出場

自營商　　　　　　　　　　　投資市場

40元當中還需扣除期貨商的成本和費用,剩下的才是期貨商的真正獲利。

自營業務》以自有資金在市場中交易獲利

證期類股的第2種業務模式即為「自營」,也就是「靠著自有資本,在市場中自行操作獲利的營業模式」(詳見圖3),如果僅有這項業務,則稱之為「自營商」,但現在通常都是存在於證券商或期貨商下的獨立部門,通常該部門會有操盤人和研究員,前者負責決策

下單，後者則負責研究和推薦股票。

自營商獲利的模式和一般投資人差異不大，多數時間都是靠著在投資市場中交易，藉此賺取價差。比較顯著的差異在於，一般投資人是單打獨鬥，自營商則是打團隊戰，但同樣都是哪邊有錢賺，就往哪邊去。不過景氣好壞會對自營商造成極大的影響，承受賠錢的風險。

承銷業務》協助企業募集資金以收取承銷費用

「承銷」其實只是承銷商的業務之一，若以功能區分，其４大業務範疇為：IPO（Initial Public Offering，首次公開發行股票）、SPO（Secondary Public Offering，現金增資）、財務顧問和興櫃交易。但不論是哪一項，承銷商都不脫扮演著資金需求者（企業）和資金供給者（投資人）之間的橋梁。來看看承銷商的４大業務到底在做些什麼。

1.IPO

所謂的IPO，就是企業首次公開發行股票。一般私人公司要變成上市或上櫃公司，需要經過一連串的步驟，首先公開發行，然後申請至「興櫃市場」掛牌，且在興櫃市場中掛牌至少６個月後，才能

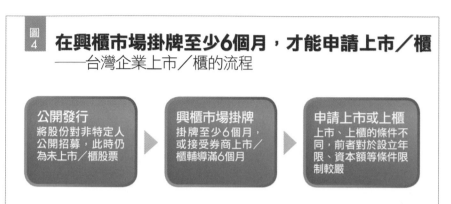

圖
4 **在興櫃市場掛牌至少6個月，才能申請上市／櫃**
——台灣企業上市／櫃的流程

公開發行
將股份對非特定人公開招募，此時仍為未上市／櫃股票

興櫃市場掛牌
掛牌至少6個月，或接受券商上市／櫃輔導滿6個月

申請上市或上櫃
上市、上櫃的條件不同，前者對於設立年限、資本額等條件限制較嚴

申請上市或上櫃（詳見圖 4）。

在這過程中，承銷商扮演的角色是協助企業準備上市、上櫃的一切事宜，因此僅有證券商承作此業務，期貨商則無，屬於初級市場的輔助角色，而當股票完成上市／櫃後，就會在集中市場或店頭市場這些次級市場中流通（詳見圖 5）。

正常來說，一家企業從興櫃到上市或上櫃耗時約 1 年，而整個流程走完，承銷商在其中有 2 大獲利來源：輔導費和承銷手續費。

輔導費以案計價，實務上，若為本土企業，每案收取約 500 萬元，若為外國企業來台上市的「KY 股」，每案則收取 1,200 萬元～

圖5 承銷商負責協助企業銷售新股
——承銷業務流程

輔導費
委託
銷售新股
承銷手
續費
賣出
新股
自由
買賣

企業　　　　承銷商　　　投資人　　　　次級市場

2,000 萬元的輔導費。

　　承銷手續費方面，則是承銷商向投資人收取。在銷售企業的新股時，主要有 3 種方式，包含：公開申購（Open Subscription）、競價拍賣（Auction），以及詢價圈購（Bookbuilding）（詳見圖 6）。

　　如果是公開申購，投資人除了繳交申購新股的價款之外，尚需繳交 20 元的申購手續費和 50 元的中籤通知郵寄工本費。申購手續費全數為承銷商取得，但中籤通知郵寄工本費則是由承銷商與其他相關作業單位拆分，包含郵寄費用等等，實際上，承銷商最後可能只剩下個位數的利潤。

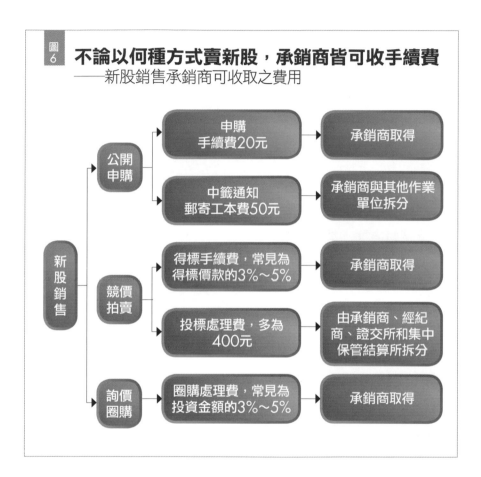

圖 6 **不論以何種方式賣新股，承銷商皆可收手續費**
——新股銷售承銷商可收取之費用

若為競價拍賣，投資人在投標時需要支付「投標處理費」，每一筆標單的金額大多為 400 元，但這筆錢會由承銷商、經紀商、台灣證券交易所和台灣集中保管結算所拆分。得標後，得標者除了得標價款，尚需支付承銷商「得標手續費」，為得標價款的一定比率，

實務上常見 3% ～ 5% 不等,計算方式為:每股得標價格 × 得標股數 × 得標手續費率,為承銷商全收。

舉例來說,假設以每股 200 元得標 1 張,新股的得標價款為 20 萬元(200 元 ×1,000 股),而得標手續費率 5%,則投資人要支出 1 萬元(20 萬元 ×5%)的手續費予承銷商。

詢價圈購方面,承銷商則可收取圈購處理費,實務上常見以投資金額的 3% ～ 5% 收取,但也有承銷商是以定額收取。

2.SPO

SPO 則為現金增資,有多種方式,常見有:①發行新股,即為現金增資;②發行可轉換公司債(Convertible Bond,簡稱 CB);③發行海外可轉換公司債(Euro-Convertible Bond,簡稱 ECB);④發行全球存託憑證(Global Depositary Receipt,簡稱 GDR)。

承銷商協助處理相關事宜,可以從中賺取承銷費,上述 4 種現金增資的方式,皆以案計價。實務上,現金增資每案可收取新台幣 200 萬元～ 500 萬元;發行 CB 每案可收取新台幣約 500 萬元;ECB 則為每案 200 萬美元～ 300 萬美元;GDR 視案件大小,每案多為 100 萬美元～ 500 萬美元。

182

3. 財務顧問

　　承銷商的財務顧問業務是指，企業若有私募、收購、下市、被收購，或公開市場上收購等需求時，承銷商可協助規畫財務、時程、提供法令諮詢顧問，或是出具價格意見書等等。

　　案件完成後承銷商才會跟企業收取費用，按照案件的規模，收取 1% ～ 5% 的顧問費。實務上，若整個案件的流程時間較長，達半年以上，承銷商每月還會向企業收取數十萬元到數百萬元的服務費用。

4. 興櫃交易

　　由於法令規定，要求興櫃的主辦承銷商最起碼要認購該興櫃公司已發行股份總數的 3% 以上，且不能低於 50 萬股，而 3% 如超過 150 萬股，則至少應自行認購 150 萬股。

　　而主辦承銷商有「造市」的義務，也就是維持興櫃股票在市場上有流通性，所以承銷商在造市的過程中，也會在興櫃市場上進行賞賣，此時就會有搓單交易的資本利得。

台灣的證期類股多以經紀業務為獲利來源

　　對證期類股的業務有了通盤性的了解後，我們來看看台灣上市、

表3	**台灣的證期類股目前有10檔**		證期類股及基本面資訊		
名稱（股號）	股價（元）	2018 年 EPS（元）	近 3 年平均ROA（％）	近 3 年平均ROE（％）	
統一證（2855）	14.20	0.87	1.83	6.26	
致和證（5864）	11.45	2.01	5.37	7.63	
群益證（6005）	9.45	0.61	1.68	6.42	
宏遠證（6015）	6.68	-1.20	-1.15	-3.34	
康和證（6016）	7.25	-0.45	-0.01	0.13	
大展證（6020）	13.00	0.01	1.84	2.27	
大慶證（6021）	11.30	0.64	1.21	2.09	
元大期（6023）	47.45	4.31	1.42	12.02	
群益期（6024）	48.10	4.73	2.09	16.36	
福邦證（6026）	8.52	0.15	5.04	6.81	

註：1.「股價」為 2019.04.10 收盤價；2.「近 3 年平均 ROA」和「近 3 年平均 ROE」為 2016 年至 2018 年財務數字；3.「近 3 年現金／股票股利」為發放年度，譬如 2019 年統一證現金股利為 0.69 元，其來源為 2018 年獲利；4. 資料日期至 2019.04.10

近 3 年股利政策（元）			
項目	2017 年	2018 年	2019 年
現金	0	1.20	0.69
股票	0.41	0	0
現金	0.62	0.50	0.60
股票	0	0	0.60
現金	0.37	0.20	0.40
股票	0	0.70	0
現金	0	0.36	0
股票	0	0	0
現金	0	0.25	0
股票	0	0.55	0
現金	0.08	0.66	0.03
股票	0	0	0
現金	0	0.35	未公布
股票	0	0	未公布
現金	2.47	2.00	2.80
股票	0	0	0
現金	2.21	2.87	3.40
股票	0	1.00	0
現金	0.35	1.38	0.20
股票	0	0	0

資料來源：公開資訊觀測站、財報狗

圖7 多數證券商以經紀業務的營收占比最高

統一證（2855）業務占營收比
■ 經紀業務　■ 承銷業務
■ 自營業務
單位：%

致和證（5864）業務占營收比
■ 經紀業務　■ 承銷業務
■ 自營業務
單位：%

群益證（6005）業務占營收比
■ 經紀業務　■ 承銷業務
■ 自營業務
單位：%

宏遠證（6015）業務占營收比
■ 經紀業務　■ 承銷業務
■ 自營業務
單位：%

上櫃中的證期類股有哪些？狀況又是如何？

　台灣的證期類股有10檔（詳見表3），元大期（6023）和群益期（6024）為期貨商，其餘為證券商：統一證（2855）、致

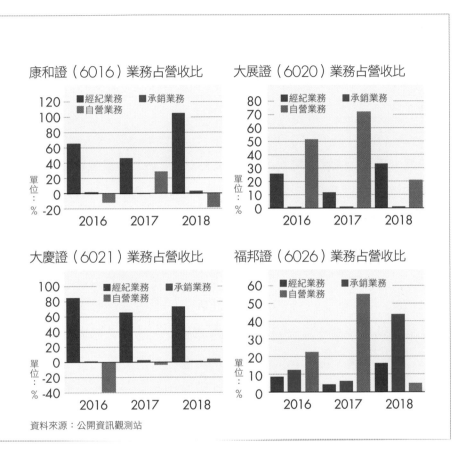

和證（5864）、群益證（6005）、宏遠證（6015）、康和證（6016）、大展證（6020）、大慶證（6021）、福邦證（6026）。

上述8家證券商皆為綜合證券商，同時有經紀、自營和承銷業務。

但在證券商的名單中同樣可以看見身為期貨商的元大期和群益期，不過它們僅有證券自營業務。在期貨商的名單中，同樣可以看到上述的其中幾家證券商，不過都是屬於「兼營」期貨經紀或期貨自營業務。

瀏覽上述10檔證期類股，以公開資訊觀測站上的營收數字來看，多數的證券商近3年皆以「經紀業務」的收入為主（詳見圖7），少數如大展證、福邦證，其自營業務或承銷業務的營收占比才較為突出。

目前集中市場上的經紀業務，以元大證的市占率最高，以集中市場的成交金額來看，元大證在2018年成交的金額占整體成交金額11.42%。不過，由於元大證隸屬元大金控旗下，且因元大金控的銀行業務淨值已超過證券業務，故在本書中將元大金控分類為銀行型金控。

觀察營收的同時也可以發現，因為自營業務有賺、有賠，會對證券商的獲利造成極大影響，像是宏遠證2018年的自營業務因為虧損，導致當年每股稅後盈餘（EPS）為負值。

雖然經紀手續費收入會因為景氣好壞、大盤或期貨的成交量而受

到影響，因此不適合長期持有，較適合短線操作，但近 3 年，多數
證券商的經紀手續費收入都是穩定或持續增長。

　　所以觀察證券商的獲利時，可以觀察市場整體的交易量，還有個
別證券商的市占情形。此外，其自營業務操作的已實現、未實現損
益都要列入觀察。期貨商亦然，除了經紀業務的狀況外，自營業務
也是觀察重點之一。

觀察自結損益公告 掌握證期類股走勢

了解證券商、期貨商的業務之後,要怎麼判斷這家公司賺不賺錢?獲利能力穩不穩定呢?同樣可以先觀察財務報表。

證期類股的財務報表和一般公司的財務報表一樣,同樣有「資產負債表」、「綜合損益表」、「股東權益變動表」以及「現金流量表」4大表。

從綜合損益表中,觀察3大業務所得

但有一點明顯不同的是,在綜合損益表中,一般公司會以「營業收入」來呈現當期的收入,然後扣除「營業成本」算出「營業毛利」,接著扣除「營業費用」後算出「營業利益」;而證期類股的編法則為「收益」減去「支出及費用」後,得到「營業利益」(詳見圖1)。所以證期類股不會有毛利率,只有營業利益率、稅前和稅後淨利率

證期類股無營業成本和營業費用的會計科目

一般公司——以鴻海（2317）2018年報為例

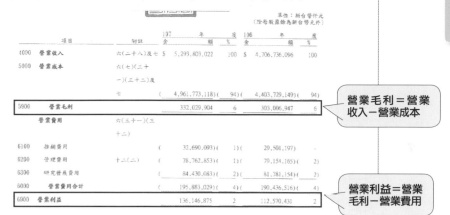

證期類股公司——以宏遠證（6015）2018年報為例

資料來源：公開資訊觀測站

這 3 項利潤比率可以參考。

　　且在收益的會計科目中，可以直接看到經紀、自營和承銷 3 大業務分別帶進多少收入。這 3 項收入來源也是我們觀察證期類股的財務報表中最基礎的項目。

　　其中，經紀業務的收入，其會計科目名稱為「經紀手續費收入」，承銷業務的部分則為「承銷業務收入」，這 2 項在財務報表上都可以一眼認出。不過注意一下，由於期貨商並沒有承銷業務，所以元大期（6023）和群益期（6024）的綜合損益表中並沒有「承銷業務收入」的科目。

　　比較難一眼認出的是自營業務的相關收入，但其實也在收益項下，即為「營業證券出售淨（損失）利益」，令人混淆的是，收益項下還有一項「營業證券透過損益按公允價值衡量之淨（損失）利益」；差別在於，前者為公司「已實現損益」的投資，後者為「未實現損益」的投資（詳見圖 2）。

　　在觀察證期類股的財務狀況時，比較值得注意的是，其自營業務的表現好不好會影響到該公司整年的獲利，尤其操作不順、賠錢的時候，可能進而吃掉其他業務的收入。

圖2 在綜合損益表的收益項下可找到3大業務的收入
──以統一證（2855）2018年報為例

經紀業務的收入

承銷業務的收入

自營業務已實現的損益

自營業務未實現的損益

資料來源：公開資訊觀測站

　　目前台灣掛牌的 10 檔證期類股（詳見 6-1），近 3 年多以經紀業務的手續費收入為主。用生活化的方式比擬，經紀業務的收入好比一般人工作的薪水，每個月穩定進帳，而承銷業務收入可想作一般人的兼差收入，有做才有賺，自營業務的收入則是投資所得，當然，投資就有可能會賠錢。

　　因此，觀察證期類股的獲利時，建議將 3 者分開來看，才能知道支撐這家公司的穩定收入 ── 經紀手續費收入是否穩定或成長？然

後兼差做得多不多？投資表現是否良好？

從自結損益和市場交易量，領先財報觀察獲利

不過，財務報表畢竟是「後照鏡」，只能反映過去公司經營的績效，如何在每一季財務報表公布前，對證期類股的公司獲利有更進一步的了解呢？可以透過「自結損益」和「市場交易量」來觀察獲利，同時利用「違約資訊」的狀況來輔助判斷是否有未爆彈出現。

自結損益》每月 10 日前公告

依規定，台灣的上市、上櫃公司必須在每個月 10 日之前公告營收，此外，有些公司同時會自願公告「自結損益」，也就是將「營業損益」以及「稅前損益」公告出來（詳見表 1），且一旦自願公開，就必須持續公告至當年度結束為止。

不過，由於證期類股的公司沒有「營業收入」，僅有「收益」，因此不適用「營業損益」的會計科目，故在自結損益的公告中只能看到「稅前損益」。

目前上市、上櫃的這 10 檔證期類股，除了致和證（5864）以及福邦證（6026）2019 年未公告自結損益之外，其餘 8 家公司都

表1	台灣上市櫃公司，須於每月10日前公告上月營收

——公告營收與自結損益的差異

項目	強制性	公告時間	公告內容
營收	強制公告	每月 10 日前	營收
自結損益	自願公告（一旦自願公告，就必須持續至當年度結束為止）	每月 10 日前	營業損益稅前損益

會固定在每個月 10 日之前公告自結損益。

查到稅前損益可以做什麼呢（詳見圖解教學❶）？由於稅前損益已經將當月所有的收入、費損列入，是比「收益」更為真實的獲利數字，所以可以觀察稅前損益是否有過大的變動？如果成長，當然沒問題，但如果是大幅縮減，就要考慮是否出清持股。

來看宏遠證（6015）2018 年的狀況，宏遠證券 2018 年的每股盈餘（EPS）為-1.2元，股價從 2018 年 1 月最高的每股 8.31 元，一路跌到當年 10 月最低，每股為 5.98 元，累計跌幅逼近 3 成。

同步觀察自結損益的狀況，舉例來説，當 2018 年 3 月初公告 2 月的稅前損益，當年度累計合併稅前損益為虧損 1 億 463 萬 7,000

元，股價便應聲跳空下跌，6月初、7月初公告5月、6月的自結損益為正值，股價則上漲，雖然7月初最終是留下一根長長的上影線（詳見圖3）。

市場交易量》直接影響手續費收入

一般來說，證期類股經紀業務的手續費收入不太會有大幅下修的情形，甚至近幾年都維持成長，大多時候都是自營業務出了狀況，導致證券商、期貨商的收益出現虧損，畢竟只有自營的「收入」有可能是負值。不過，也有意外的時候！因為當空頭來臨，整體市場的成交量會萎縮，導致證期類股的手續費收入跟著下滑。

觀察2007年迄2018年，譬如2008年因為金融海嘯、2012年和2013年因為歐債危機，導致大盤遭遇空頭，那3年，集中市場的成交量分別只有26兆1,154億756萬2,000元、20兆2,381億6,600萬9,000元和18兆9,409億3,273萬4,000元，換算平均每日交易金額分別為1,048億8,115萬4,870元、809億5,266萬4,040元和769億9,566萬1,520元（詳見圖4），都較前1年下滑。

以群益證（6005）的經紀手續費收入來看，很明顯地與大盤的交易量呈現正相關，當大盤交易金額降低，群益證的經紀手續費收

圖3 證期類股股價會受到自結損益公告的影響

◎宏遠證（6015）股價走勢

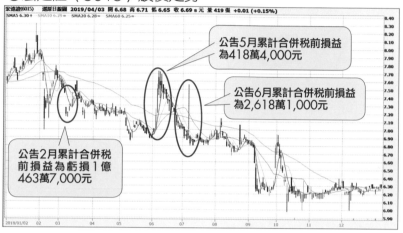

公告5月累計合併稅前損益為418萬4,000元

公告6月累計合併稅前損益為2,618萬1,000元

公告2月累計合併稅前損益為虧損1億463萬7,000元

◎宏遠證（6015）2018年累計合併稅前損益

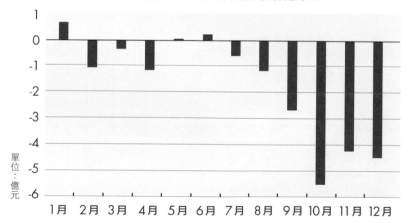

單位：億元

1月 2月 3月 4月 5月 6月 7月 8月 9月 10月 11月 12月

註：資料日期至 2019.04.07　　資料來源：公開資訊觀測站、XQ 全球贏家

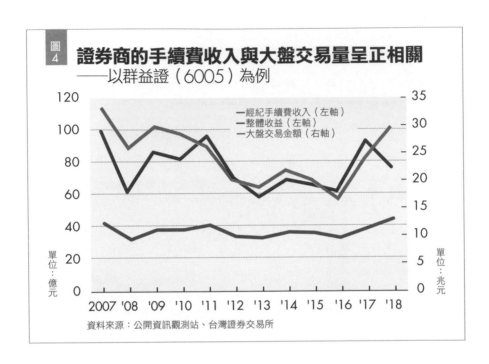

圖4 **證券商的手續費收入與大盤交易量呈正相關**
——以群益證（6005）為例

經紀手續費收入（左軸）
整體收益（左軸）
大盤交易金額（右軸）

單位：億元

單位：兆元

2007 '08 '09 '10 '11 '12 '13 '14 '15 '16 '17 '18

資料來源：公開資訊觀測站、台灣證券交易所

入也跟著萎縮；大盤交易金額增加，群益證的經紀手續費收入也跟著成長，反觀整體收益就跟大盤的交易金額沒有那麼明顯的關聯。

期貨商亦然，其經紀手續費收入會受到期貨交易口數的數量影響，以元大期（6023）的財報來看，這樣的狀況也很明顯（詳見圖5）。

因此，不同於其他產業，證期類股的公司撇除自營業務的狀況後，其經紀手續費收入受到景氣、大盤的影響相當深遠，較不適合長期

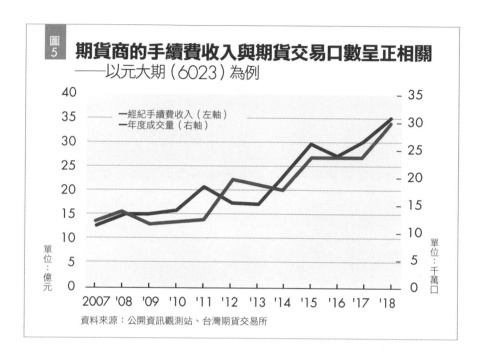

圖5

期貨商的手續費收入與期貨交易口數呈正相關
——以元大期（6023）為例

經紀手續費收入（左軸）
年度成交量（右軸）

單位：億元

單位：千萬口

2007 '08 '09 '10 '11 '12 '13 '14 '15 '16 '17 '18

資料來源：公開資訊觀測站、台灣期貨交易所

持有領股息。要觀察交易量，最簡單的就是利用看盤軟體，直接觀察股市每日的成交金額或期貨的交易口數，若連續一陣子的交易量都偏低，心裡就該有預警。

違約資訊》出現重大違約事件，小心公司要認賠

此外，台灣證券交易所在每個交易日後都會公布「違約交割」的資訊（詳見圖解教學❷），當違約金額達到 2,500 萬元時，便會公開標的和證券商的名單；而期貨方面，雖然台灣期貨交易所不會每

日公布違約資訊，但台灣媒體資訊發達，通常大盤出現大幅波動、許多人有違約狀況時，網路上便可能會出現相關資訊，或期貨商也可能自行公告違約金額。

這些違約的資訊，對於欲操作證期類股的投資人來說相當重要，因為當市場發生違約事件時，雖然證券商或期貨商都會提撥相關的違約損失準備金等先替客戶代墊，但萬一跟客戶協商請其將代墊金額返還，客戶卻未能將金額補齊時，證券商或期貨商恐要先行認列這筆虧損，獲利數字當然會受到影響。

如果想操作證券商的個股，投資人不需要天天去查違約交割的狀況，因為股票交割日為 T＋2 日，也就是買進或賣出後的 2 個交易日要交割現金，因此只要在大盤有大幅波動後的 2 個交易日去查看違約資訊即可。但若想操作期貨商的個股，則大盤有波動的當日，就可以上網查找相關資訊。

圖解教學❶　查詢自結損益公告

STEP 1

欲查詢自結損益，可利用公開資訊觀測站（mops.twse.com.tw）免費查得，進入公開資訊觀測站首頁，點選上方選單的 ❶「營運概況」，展開下拉式選單後，點選❷「自結損益公告」、 ❸「自結損益公告-月申報」。

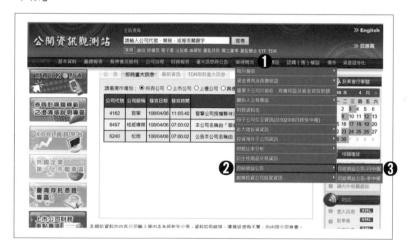

STEP 2

進入下個頁面，在 ❶「公司代號或簡稱」的欄位輸入欲查詢的股票代號，並輸入 ❷「年度」，此處以「宏遠證（6015）」為例，輸入之後按下 ❸「查詢」。

接續
下頁

STEP 3

接著便能看到宏遠證券每月公告的自結損益，包含❶「本月合併稅前損益」以及❷「本年累計合併稅前損益」。

公告自結損益表

公司代號：**6015**　　　公司名稱：**宏遠證券**

108年1月（合併）

本月合併營業損益（仟元）：	金融（含金控）、證券及票券業者不適用
本年累計合併營業損益（仟元）：	金融（含金控）、證券及票券業者不適用
本月合併稅前損益（仟元）：	47,493 ❶
本年累計合併稅前損益（仟元）：	47,493 ❷
差異原因說明（最多60個中文字）：	

資料來源：公開資訊觀測站

圖解教學❷　查詢集中市場違約交割資訊

STEP 1

欲查詢證券商是否有受到大筆違約交割事件影響，可查詢台灣證券交易所（www.twse.com.tw）的違約公告，首先進入台灣證券交易所首頁，點選上方選單的❶「市場公告」，展開下拉式選單後，點選❷「違約公告專區」。

依想查詢的日期區間，選擇❶「查詢期間」後，按下❷「查詢」。移
至頁面下方，就能看到❸「個股達違約資訊揭露標準之證券資訊」。

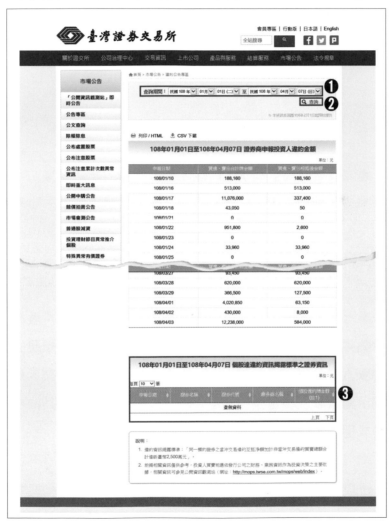

資料來源：台灣證券交易所

波段操作證期類股
3步驟推算合理買賣點

經濟景氣有高低起伏，所以才有所謂的「景氣循環」，而景氣好壞都會影響到人們的消費和投資意願，當然也會進一步使金融商品的交易受到影響，而大盤的交易量、期貨的交易口數也在景氣循環的風暴當中。

複習一下，證券商、期貨商的收入來源有 3 大項：經紀、自營和承銷業務，我們也透過觀察市場交易量，發現證期類股的經紀手續費收入會受到交投熱絡與否的影響，當景氣轉弱、交易量降低，經紀手續費收入便會萎縮。但同時，公司又不能保證其他兩項業務成長或穩定，自營業務甚至還可能使公司蒙受虧損。

所以，證期類股可以說是景氣循環股的一種，並不適合投資人長期存股，如果執意只存不賣，很可能賺了股息、卻賠了價差，甚至景氣不好時，連股息都領不到！因此，建議以波段的方式操作證期

類股。

此外，操作波段時，建議新手可以以期貨商優先、證券商次之，也就是以元大期（6023）或是群益期（6024）為優先操作的標的，原因在於：期貨商的收益來源較單純，觀察相對簡單。

期貨商少了承銷業務，所以收益主要來自經紀和自營業務。且觀察元大期和群益期，這幾年都以經紀業務的收入為主，2016 年至 2018 年的財報顯示，兩者在經紀業務的收入都占其收益的 5 成以上，自營業務則都不到 1 成（詳見圖 1），顯示自營業務在元大期和群益期中，都非其業務核心。

對投資人來說，這兩家期貨商的財務數字也不會忽高、忽低，因為受到自營業務虧損的機率較低，在觀察自結損益時，就比較不用擔心下個月的數字會突然暴跌。

那麼，針對證期類股中的期貨商，要如何操作波段呢？

投資人可以用殖利率、自結損益來推算出合理或便宜的進場價，當股價過高，或是市場交易量下修時就出場。我們以元大期的實際數字舉例，步驟如下：

步驟1》預估全年稅後每股盈餘

這個方式是以「殖利率」當成進出場的依據，尤其適合這種每個月會公布自結損益的公司。

不論是元大期或群益期，每個月除了公布稅前損益之外，還會在重大訊息公告「合併每股稅前淨利」和「累計合併每股稅前淨利」（詳見圖解教學），這個數字是「稅前」，因此只要扣除「稅」的差額，就能得到「每股稅後盈餘」，也就是我們常聽到的「稅後EPS」，通常投資人口中講的「EPS」指的是稅後EPS，是公司用來配發現金股利的來源。

加總近12個月的稅後EPS，就能夠推算出全年度的獲利。接著，利用過去幾年的「現金股利發放率」，就可以推算出可能配發的現金股利。

要怎麼從稅前數字推算出稅後的數字呢？除非當年度稅制有很大的改變，否則，一家企業的營利事業所得稅並不會有太大幅度的改變，因此不論公告的是「稅前損益」還是「每股稅前淨利」，都可以利用財報中，綜合損益表下已經扣完「所得稅費用」的「本期淨利（稅後淨利）」占「稅前淨利」比率來反推。

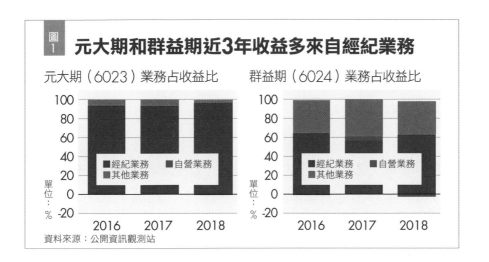

圖1　**元大期和群益期近3年收益多來自經紀業務**

元大期（6023）業務占收益比　　　群益期（6024）業務占收益比

經紀業務　自營業務　其他業務

經紀業務　自營業務　其他業務

單位：%

2016　2017　2018　　2016　2017　2018

資料來源：公開資訊觀測站

　　實際來操作一次。截至 2019 年 4 月 10 日，元大期已經公布了 2019 年 3 月以前的自結損益，也就是說，我們可以利用 2018 年 4 月至 2019 年 3 月，這 12 個月的獲利情形來預估元大期 2019 年全年度的獲利。

　　由於 2018 年 4 月至 12 月是完整的 3 個季度，所以直接以這 3 季的稅後 EPS 來看，分別為 0.97 元、1.09 元和 1.35 元。

　　至於 2019 年 1 月至 3 月的稅前 EPS，則可以利用公開資訊觀測站上重大訊息中公告的「累計合併每股稅前淨利」來計算，該數字為 1.39 元。

接著，要利用「每股稅前淨利」推算出稅後的情況，觀察 2018 年元大期第 1 季的財務報表，本期淨利為 2 億 702 萬 6,000 元、稅前淨利為 2 億 5,605 萬 8,000 元（詳見圖 2），本期淨利占稅前淨利比率為 80.85%。

換句話說，稅前淨利乘上 80.85%，就會接近稅後的淨利數字，所以就能推算出 2019 年第 1 季的稅後 EPS 約為 1.12 元（1.39 元 ×80.85%）。

完整公式為：（去年同期稅後淨利／去年同期稅前淨利）×100%× 每股稅前淨利。如果公司未公布每股稅前淨利，而只有稅前淨利，則公式變為：（去年同期稅後淨利／去年同期稅前淨利）×100%× 稅前淨利／在外流通股數（詳見圖 3）。

接著將 4 個季度的 EPS 加總，即 0.97 元、1.09 元、1.35 元，加上預估的 1.12 元，合計為 4.53 元。

步驟2》推算可能配發股利

推算可能配發股利的公式為：預估全年稅後每股盈餘 × 預估現金股利發放率（詳見圖 4）。預估全年稅後每股盈餘在步驟 1 已經算

從綜合損益表中，可觀察到稅前及稅後淨利
——元大期（6023）2018年Q1財務報表

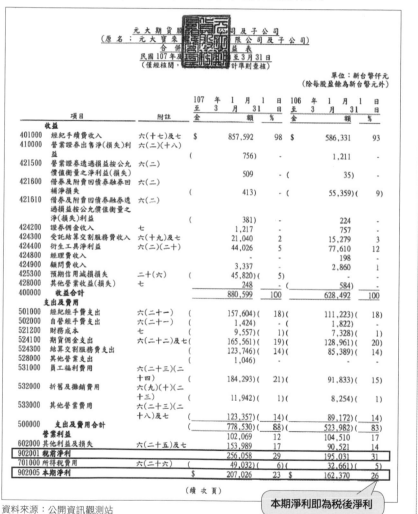

項目	附註	107年1月1日至3月31日 金額	%	106年1月1日至3月31日 金額	%
收益					
401000 經紀手續費收入	六(十七)及七	$ 857,592	98	$ 586,331	93
410000 營業證券出售淨(損失)利益	六(二)(十八)	(756)	-	1,211	-
421500 營業證券透過損益按公允價值衡量之淨利益(損失)	六(二)	509	-	(35)	-
421600 借券及附賣回債券融券回補淨損失	六(二)	(413)	-	(55,359)	(9)
421610 借券及附賣回債券透過損益按公允價值衡量之淨(損失)利益	六(二)	(381)	-	224	-
424200 證券佣金收入	七	1,217	-	757	-
424300 受託結算交割服務費收入	六(十九)及七	21,040	2	15,279	3
424400 衍生工具淨利益	六(二)(二十)	44,026	5	77,610	12
424800 經理費收入		-	-	198	-
424900 顧問費收入		3,337	-	2,860	1
425300 預期信用減損損失	二十(六)	(45,820)	(5)		
428000 其他營業收益(損失)	七	248	-	(584)	-
400000 收益合計		880,599	100	628,492	100
支出及費用					
501000 經紀經手費支出	六(二十一)	(157,604)	(18)	(111,223)	(18)
502000 自營經手費支出	六(二十一)	(1,424)	-	(1,822)	-
521200 財務成本	七	(9,557)	(1)	(7,328)	(1)
524100 期貨佣金支出	六(二十二)及七	(165,561)	(19)	(128,961)	(20)
524300 結算交割服務費支出		(123,746)	(14)	(85,389)	(14)
528000 其他營業支出		(1,046)	-	-	-
531000 員工福利費用	六(二十三)(二十四)	(184,293)	(21)	(91,833)	(15)
532000 折舊及攤銷費用	六(九)(十)(二十三)	(11,942)	(1)	(8,254)	(1)
533000 其他營業費用	六(二十三)(二十八)及七	(123,357)	(14)	(89,172)	(14)
500000 支出及費用合計		(778,530)	(88)	(523,982)	(83)
營業利益		102,069	12	104,510	17
602000 其他利益及損失	六(二十五)及七	153,989	17	90,521	14
902001 稅前淨利		**256,058**	**29**	**195,031**	**31**
701000 所得稅費用	六(二十六)	(49,032)	(6)	(32,661)	(5)
902005 本期淨利		**$ 207,026**	**23**	**$ 162,370**	**26**

（續次頁）

本期淨利即為稅後淨利

資料來源：公開資訊觀測站

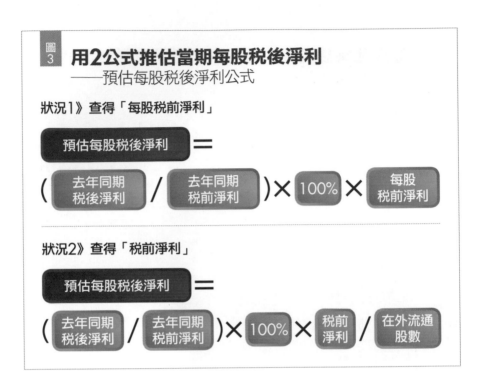

圖3 用2公式推估當期每股稅後淨利
──預估每股稅後淨利公式

狀況1》查得「每股稅前淨利」

預估每股稅後淨利 ＝
（ 去年同期稅後淨利 ／ 去年同期稅前淨利 ）× 100% × 每股稅前淨利

狀況2》查得「稅前淨利」

預估每股稅後淨利 ＝
（ 去年同期稅後淨利 ／ 去年同期稅前淨利 ）× 100% × 稅前淨利 ／ 在外流通股數

出來，為 4.53 元，預估現金股利發放率則可以參考過去至少 3 年的發放狀況，以平均數來看。

元大期近 3 年的現金股利發放率分別為 68.61%、53.19%、64.97%（詳見圖 5），平均為 62.26%。運用公式計算，2019年的獲利、在 2020 年可能配發出來的現金股利為 2.82 元（4.53元 ×62.26%）。

用預估現金股利發放率，推算預估配發股利
——預估明年配發現金股利公式

| 預估明年可能
配發現金股利 | ＝ | 預估全年
稅後每股盈餘 | × | 預估現金股利
發放率 |

步驟3》觀察殖利率區間

下一個步驟，來觀察元大期近幾年的殖利率區間，並藉此推算出便宜價、合理價和昂貴價。

觀察的時候，起碼要查看近 3 年的數據，以元大期來說，過去 3 年的平均殖利率為 6.1%、6.26%、4.63%。

取最高、最低的數字來推算，預估 2020 年可能配發的現金股利為 2.82 元，所以當殖利率在 6.26% 時，股價會是每股 45.05 元（2.82 元 /6.26%）；當殖利率在 4.63% 時，股價會是每股 60.91 元（2.82 元 /4.63%）。

可以將股價每股 45.05 元設定為便宜價、每股 60.91 元設定為

圖5 元大期近3年現金股利發放率逾6成
——元大期（6023）現金股利及發放率

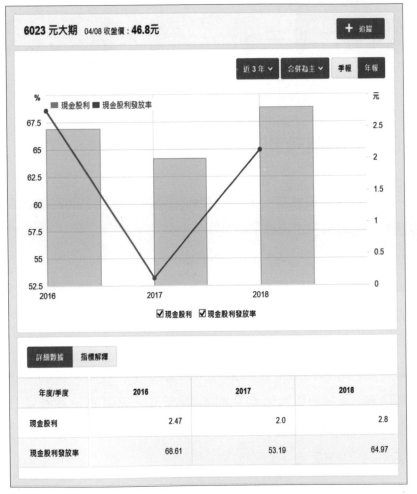

年度/季度	2016	2017	2018
現金股利	2.47	2.0	2.8
現金股利發放率	68.61	53.19	64.97

資料來源：財報狗

圖6 **股價超出昂貴價時可全數賣出**
──不同價位的操作方式

便宜價	合理價	昂貴價
可大膽買進，波段操作	考量資金狀況，選擇是否操作	考慮全數賣出

昂貴價，兩者中間為合理價。當股價在便宜價以下就可以大膽買進，在合理價的區間，可考量資金狀況，選擇是否操作，而當股價來到昂貴價的區間時，就可以考慮全數賣出（詳見圖6）。

在便宜價買進，表示即便股價一直沒有成長，投資人也坐擁較高的殖利率，只要元大期沒有太讓人意外的表現，或是整體市場的交易量沒有大幅萎縮，放著領股息也不錯。

但萬一整體經濟狀況轉差、大盤轉弱、交易量萎縮明顯，即便股價還沒漲到昂貴價，都可以找時機出場，避免財報出爐後，股價的反應速度比你砍股票的速度快！

圖解教學　**查詢上市櫃公司重大訊息**

要查詢上市櫃公司自結的合併每股稅前淨利和累計合併每股稅前淨利，可以利用公開資訊觀測站（mops.twse.com.tw）上公告的重大訊息，不過，不是每家自願自結損益的公司都會提供該數據，或甚至有部分公司會提供「稅後」的資訊，需視個別公司狀況而定。但是查詢重大訊息的方式都一樣，首先進入公開資訊觀測站首頁，於上方❶搜尋欄位輸入欲查詢的股票代號，此處以元大期（6023）為例，輸入後按下❷「搜尋」。

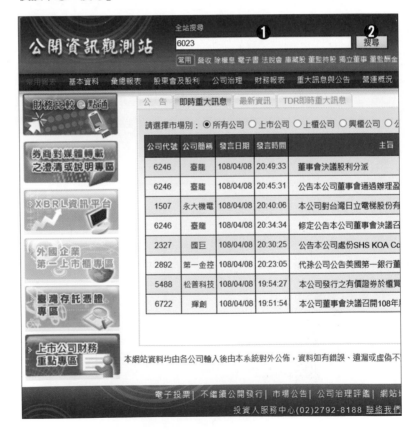

STEP 2

進入下個頁面，就可以看到元大期❶「公司近期發布之重大訊息」，包含該公司自願公告的營運概況，點選❷「公告元大期貨108年3月份營運概況」，即可查得該公司❸「3月份自結合併稅前淨利」和「累計合併每股稅前淨利」等數字。

有時重大訊息太多，該頁面無法看到相關資訊，可以點選右下角的❹「MORE」，查看更多訊息。

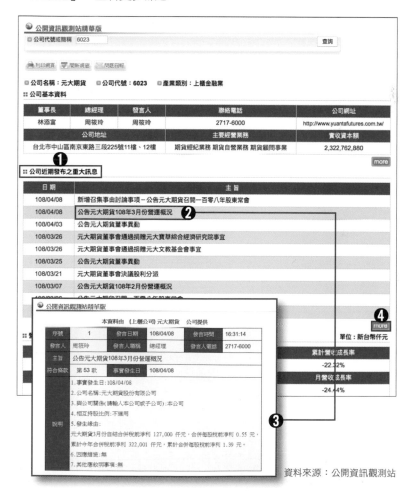

資料來源：公開資訊觀測站

固定領息金庫

特別股

Chapter 7

長抱金融特別股
穩領股息還具下檔保護

台股萬點時代,即使是穩健的金融股,有些投資人抱起來還是不甚安心,總擔心若是之後大盤崩跌,金融股的股價也可能會跟著重挫。若你有這一層擔憂,或者你本身是更為保守的投資人,其實有一個更合適的投資商品——金融特別股。

為什麼會這樣說呢?這是因為與金融股相比,金融特別股擁有固定股息、股價相對穩定等多項優點。以下就先來介紹什麼是「特別股」(preferred stock,又稱優先股)?其特性為何?目前台灣又有哪些金融特別股呢?至於該如何操作金融特別股,就留到 7-2 再來介紹。

特別股與普通股權利相似,但擁有部分優先權

特別股是指享有特殊權利,或某些權利受到限制的股票(查詢方

表1 特別股較普通股享有優先盈餘分配權、剩餘財產分配權

——特別股權利vs.普通股權利

權利	特別股	普通股
盈餘分配權	優於普通股	順位在特別股之後
剩餘財產分配權	優於普通股	順位在特別股之後
表決權及選舉權	除非公司另有約定,否則特別股股東在普通股股東會上大多沒有表決權,但在特別股股東會,或涉及特別股股東權利義務事項的股東會上有表決權	有
現金增資認購權	有	有

資料來源:《公司法》

法詳見圖解教學❶)。這些特殊權利包含:盈餘分配權、剩餘財產分配權、表決權及選舉權、現金增資認購權等,分別介紹如下(詳見表1):

權利1》盈餘分配權

　　一般來說,特別股的盈餘分配權會優先於普通股,也就是說,當一家公司的年度決算有盈餘時,在將錢拿去繳納稅捐、提存法定盈餘公積等之後,如果還有剩餘資金,公司必須先將錢發放給特別股的股東,最後若是還有餘錢,才會拿來配發給普通股的股東(詳見圖1)。

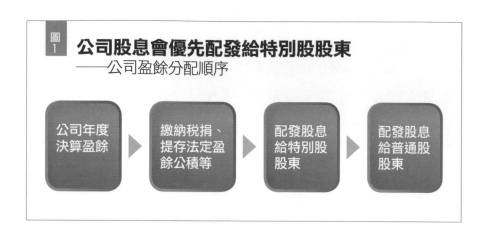

圖1 **公司股息會優先配發給特別股股東**
——公司盈餘分配順序

公司年度
決算盈餘 → 繳納稅捐、
提存法定盈
餘公積等 → 配發股息
給特別股
股東 → 配發股息
給普通股
股東

　　要注意的是，若一家公司發行2檔以上的特別股，有時較晚發行的特別股，其盈餘分配權會排在先發行的特別股之後，例如台新戊特（2887E）在公開說明書裡提到：「可分派予特別股及普通股之可分派盈餘數額，依序應優先分派予丁種特別股，有餘額再分派予戊種特別股當年度得分派之股息」（編按：此檔丁種特別股為私募發行，未上市）。

權利2》剩餘財產分配權

　　當公司破產、進行清算時，必須先繳清欠政府的稅款、罰鍰和規費，以及應支付員工的薪資、各項福利扣抵費用等，之後若有剩餘，則必須先付錢給債權人，其次是特別股股東，最後才是普通股股東（詳見圖2）。

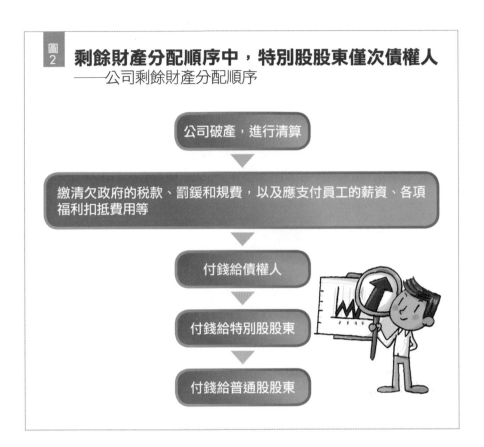

圖2 **剩餘財產分配順序中，特別股股東僅次債權人**
——公司剩餘財產分配順序

公司破產，進行清算

繳清欠政府的稅款、罰鍰和規費，以及應支付員工的薪資、各項福利扣抵費用等

付錢給債權人

付錢給特別股股東

付錢給普通股股東

　也就是説，與普通股相比，特別股擁有優先「剩餘財產分配權」，這也使得特別股股東比普通股股東多了一層保障。

權利 3》表決權及選舉權

　表決權及選舉權是指股東在股東會上，對於董事、監察人選舉及

公司重大事項有表決的權利。目前市面上的特別股,除公司另有約定之外,多數在普通股股東會上沒有表決權及選舉權,但在特別股股東會,或涉及特別股股東權利義務事項的股東會上則有表決權。

此外,除非另有約定(如裕融甲特(9941A)),否則特別股股東皆具有「被選舉權」,能夠被選為公司董事、監察人。

權利 4》現金增資認購權

當公司進行現金增資(如發行新的特別股或普通股)時,除非另有約定,不論是特別股股東或普通股股東,都能夠依照手中現有持股比率優先認購。

留意特別股5大類型,避免喪失權利

上述特別股各項權利的相關資料,在該檔特別股的公開說明書(查詢方法詳見圖解教學❷),或公司年報有關特別股的部分上都會記載,此外,亦會列明該檔特別股是否具有下列特殊類型:

類型 1》累積特別股、非累積特別股

一般來說,公司在發行特別股時,就會公告該檔特別股每年會配發多少比率的股息。但要注意的是,這是在公司「有賺錢」的前提

表2 非累積特別股不補發虧損時未配發之股息
——累積特別股vs.非累積特別股

年度	公司盈虧	累積特別股	非累積特別股
第1年	虧錢	不配發股息	不配發股息
第2年	賺錢	配發第1年和第2年的股息	只配發第2年的股息

之下，若當年度公司虧錢的話，是有權利不發放股息的。

　全於公司未來會不會補發該筆股息，端看該檔特別股是屬於「累積特別股」還是「非累積特別股」（詳見表2）。

　累積特別股是指公司今年雖然因為有虧損，無法配發約定的股息給特別股股東，但如果來年賺大錢，就會補發股息；反之，即使未來公司有賺錢，也不會補發股息者，就稱為非累積特別股。目前（截至2019年4月）台灣市面上的特別股多為非累積特別股。

類型2》參加特別股、不可參加特別股

　前文提及，特別股是公司每年會配發固定的股息，這在景氣不好時較有保障，只要公司不虧錢，特別股股東就能領到約定的股息。然而，如果公司賺大錢呢？特別股股東是否仍只能領到約定的股息

表 3	公司賺大錢，不可參加特別股股東無法得到更多獲利

——參加特別股vs.不可參加特別股

項目	參加特別股	不可參加特別股
剩餘盈餘分配	可以參加剩餘盈餘分配，有機會得到比約定股利率更高的股息	不可參加，只領取約定股利率

呢？有沒有辦法得到更多？這時候就要看該檔特別股是屬於「參加特別股」還是「不可參加特別股」（詳見表3）。

參加特別股是指當公司賺大錢時，特別股股東可以參加剩餘盈餘分配，有機會得到比約定股利率更高的股息。若該分配金額有上限，稱為「部分參加特別股」；若該分配金額無上限，稱為「全部參加特別股」。

反之，若特別股股東不能參與剩餘盈餘分配，只領取約定股利率者，則為不可參加特別股。目前（截至2019年4月）台灣市面上的特別股多為不可參加特別股。

類型3》轉換特別股、不可轉換特別股

轉換特別股是指特別股股東可以在公司規定的轉換期間內，將手

表 4	**轉換特別股股東可將持股換成普通股**

── 轉換特別股 vs. 不可轉換特別股

項目	轉換特別股	不可轉換特別股
轉換期間	股東可將手中持有的部分或全部特別股依規定比率轉換成普通股	不可轉換

中持有的部分或全部特別股依規定比率轉換成普通股。

　　例如，王道銀甲特（2897A）在公開說明書中規定，「自屆滿 1 年之次日起（編按：即 2019 年 11 月 30 日），可轉換特別股之股東得於轉換期間內申請部分或全部將其持有之特別股依 1 股特別股轉換為 1 股普通股之比例轉換（轉換比例為 1：1）」；反之，無法將特別股轉換成普通股者，則稱為不可轉換特別股（詳見表 4）。目前（截至 2019 年 4 月）台灣市面上的特別股多為不可轉換特別股。

類型 4》可賣回特別股、不可賣回特別股

　　可賣回特別股是指公司與特別股股東約定，特別股股東可於特定日期以約定的價格，將手中持有的部分或全部特別股賣回給公司；反之，無約定者，稱為不可賣回特別股。目前（截至 2019 年 4 月）

台灣市面上的特別股多為不可賣回特別股。

類型 5》可贖回特別股、不可贖回特別股

可贖回特別股是指公司與特別股股東約定，公司可於特定日期以約定的價格，將特別股股東手中持有的部分或全部特別股贖回；反之，無約定者，稱為不可贖回特別股。目前（截至 2019 年 4 月）台灣市面上的特別股多為可贖回特別股。

從上述內容可以看出，特別股除了表決權及選舉權受到限制以外，其他權利與普通股類似，甚或優於普通股，因此是不錯的投資標的。

金融特別股流動性不佳，不適合短線投資人

截至 2019 年 4 月 10 日，台灣掛牌的金融特別股有聯邦銀甲特（2838A）、台新戊特、台新戊特二（2887F）、富邦特（2881A）、富邦金乙特（2881B）、國泰特（2882A）、國泰金乙特（2882B）、中信金乙特（2891B）、王道銀甲特、裕融甲特等，而中信金丙特（2891C）雖於 2019 年 4 月 3 日發行，但上市日期未定，故此處暫不討論。

前述 10 檔已掛牌的金融特別股中，除王道銀甲特具有轉換權以

表5 目前金融特別股僅王道銀甲特有轉換權
—— 台灣金融特別股各項權利

名稱（股號）	特別股股東權利					發行機構
	表決權	股利累積權	參加剩餘盈餘分配權	轉換權	賣回權	贖回權
聯邦銀甲特（2838A）	✕	✕	✕	✕	✕	○
台新戊特（2887E）	✕	✕	✕	✕	✕	○
台新戊特二（2887F）	✕	✕	✕	✕	✕	○
富邦特（2881A）	✕	✕	✕	✕	✕	○
富邦金乙特（2881B）	✕	✕	✕	✕	✕	○
國泰特（2882A）	✕	✕	✕	✕	✕	○
國泰金乙特（2882B）	✕	✕	✕	✕	✕	○
中信金乙特（2891B）	✕	✕	✕	✕	✕	○
王道銀甲特（2897A）	✕	✕	✕	○	✕	○
裕融甲特（9941A）	✕	✕	✕	✕	✕	○

註：王道銀甲特的股東自屆滿1年之次日起（2019.11.30），得於轉換期間內申請部分或全部將其持有
　　的特別股依1：1比率轉換成普通股
資料來源：公開資訊觀測站

外，其他皆為不具表決權、非股利累積、不可參加剩餘盈餘分配、不具轉換權、不具賣回權，但發行機構可於特定時間贖回的特別股（詳見表5）。

這些金融特別股因不具有普通股多數權利，其性質與債券相似，

表6 **台灣金融特別股體質均良好**——台灣金融特別股股利率

名稱（股號）	發行日	票面利率	
聯邦銀甲特（2838A）	2017.10.24	前 5.5 年 4.80%	
台新戊特（2887E）	2016.12.28	前 7 年 4.75%	
台新戊特二（2887F）	2018.11.30	前 7 年 3.80%	
富邦特（2881A）	2016.04.22	前 7 年 4.10%	
富邦金乙特（2881B）	2018.03.16	前 7 年 3.60%	
國泰特（2882A）	2016.12.08	前 7 年 3.80%	
國泰金乙特（2882B）	2018.06.27	前 7 年 3.55%	
中信金乙特（2891B）	2017.12.25	前 7 年 3.75%	
王道銀甲特（2897A）	2018.11.29	前 5.5 年 4.25%	
裕融甲特（9941A）	2018.10.16	前 5 年 4.00%	

註：1. 資料統計時間為 2019.04.10；2. 7 年期（5 年期）IRS 利率（利率交換，指債信評等不同的籌資者，
立約交換相同期限、相同金額債務之利息流量）將於發行日起滿 7 年（5.5 年、5 年）之次一營業日
及其後每 7 年（5.5 年、5 年）重設。利率重設方式可參考各檔特別股的公開說明書

股價波動不大。

　若以發行條件來看，這 10 檔金融特別股皆無到期日，且採浮動

浮動利率	到期日	發行價格	每股配息金額	中華信用評等
5 年期 IRS 利率 + 3.90875%	無	50 元	2.400 元	twA（展望穩定）
7 年期 IRS 利率 + 3.5325%	無	50 元	2.375 元	twA（展望正向）
7 年期 IRS 利率 + 2.7%	無	50 元	1.900 元	twA（展望正向）
7 年期 IRS 利率 + 3.215%	無	60 元	2.460 元	twAA（展望穩定）
7 年期 IRS 利率 + 2.43%	無	60 元	2.160 元	twAA（展望穩定）
7 年期 IRS 利率 + 2.74%	無	60 元	2.280 元	twAA（展望穩定）
7 年期 IRS 利率 + 2.3825%	無	60 元	2.130 元	twAA（展望穩定）
7 年期 IRS 利率 + 2.6675%	無	60 元	2.250 元	lwAA-（展望穩定）
5 年期 IRS 利率 + 3.30625%	無	10 元	0.425 元	twA（展望穩定）
5 年期 IRS 利率 + 3.06125%	無	50 元	2.000 元	twA-（展望穩定）

資料來源：公開資訊觀測站、中華信用評等

股利率機制，也就是發行前 5 年、前 5.5 年或前 7 年採約定固定利率，票面利率從 3.55% ～ 4.80% 不等，之後於發行日起滿 5 年、滿 5.5 年或滿 7 年之次一營業日，及其後每 5 年、每 5.5 年或每

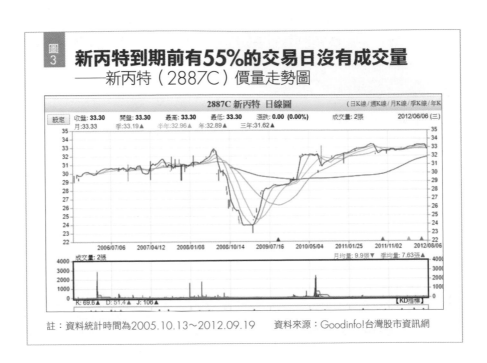

圖3 **新丙特到期前有55%的交易日沒有成交量**
—— 新丙特（2887C）價量走勢圖

註：資料統計時間為2005.10.13～2012.09.19　　資料來源：Goodinfo!台灣股市資訊網

7 年重設，有機會隨著升息增加股息（詳見表6）。

由於特別股的買賣方式與普通股相同，投資人可以直接透過券商系統下單買賣，是很方便的投資工具。以 2019 年 4 月 10 日收盤價來看，金融特別股的股價從王道銀甲特的 10.4 元～富邦特的 65.4 元不等，表示最低只要花費 1 萬 400 元就可以買進 1 張王道銀甲特股票，價格最高的富邦特也只需要花 6 萬 5,400 元，資金門檻不算高。

不過，雖然金融特別股具有多項優點，但它也是有缺點的，那就是「流動性不佳」。以台新金控發行的新丙特（2887C）為例，從 2005 年 9 月 28 日發行（2005 年 10 月 13 日上市）至 2012 年 9 月 28 日（2012 年 9 月 20 日停止交易）到期收回，總共歷經 1,728 個交易日，其中有 55% 的交易日沒有成交量（詳見圖 3）。

話雖如此，若你買進金融特別股的理由是為了長期持有，就無須特別擔心，因為只要發行特別股的金融機構不倒，就能夠穩穩領股息。此外，台灣目前發行金融特別股的機構，其中華信用評等都在 twA- 以上，體質佳，投資人不用擔心該機構會突然倒閉，再加上發行機構想贖回金融特別股時，須依照發行價格收回，因此具有下檔保護，可說是很穩健的投資標的。

圖解教學❶　查詢金融特別股權利

STEP 1

進入「公開資訊觀測站」（mops.twse.com.tw）首頁後，點選❶「基本資料」項目下的❷「國內有價證券」，再點選❸「特別股權利基本資料查詢」。

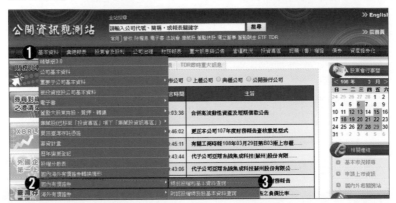

STEP 2

在❶「公司代號或簡稱」中，輸入想查詢的金融機構代號，此處以「中信金乙特（2891B）」為例，輸入中信金代號「2891」，再按下❷「查詢」後，畫面會出現所有中信金發行的特別股資料，點選中信金乙特的❸「詳細資料」。

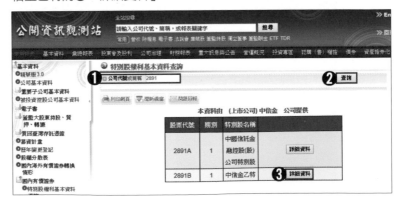

STEP 3

接著，網站會自動跳出中信金乙特的詳細資料視窗，投資人可逐一查看該特別股的各項權利。

本資料由　(上市公司) 中信金　公司提供			
股票代號	2891B	序號(第__資料)	1
特別股名稱	中信金乙特	發行日期	106/12/25
累積股利(是/否)	否	發行價格	60.00
股息	2.25	參加超額股利分配(有/無)	無
分配剩餘財產優先權(有/無)	有	表決權(有/無)	無
被選舉權(有/無)	有	轉換權(有/無)	無
開始轉換時間		是否收回(是/否)	是
收回時間	113/12/25		
收回條件	本公司得於發行日滿七年之次日起隨時按原實際發行價格收回		
現金增資認購權(有/無)	有	盈餘轉增資配股權(有/無)	無

資料來源：公開資訊觀測站

圖解教學❷　查詢金融特別股公開說明書

STEP 1

進入「公開資訊觀測站」首頁後，點選❶「常用報表」項目下的❷「電子書」，再點選❸「公開說明書」。

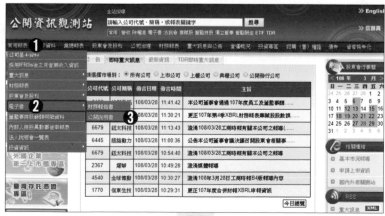

接續
下頁

STEP 2

接著，在❶「公司代號或簡稱」中，輸入想查詢的金融機構代號，此處以「中信金乙特（2891B）」為例，輸入中信金代號「2891」，再按下❷「查詢」。

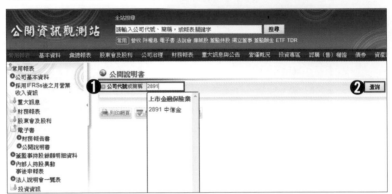

STEP 3

下拉「電子資料查詢作業」頁面，找到最新關於「乙種特別股」的資訊❶「一○六年度現金增資發行乙種特別股」，並確認結案類型為❷「生效」後，點選電子檔案❸「201801_2891_B04.pdf」。

證券代號	資料年度	資料類型	結案類型	性質	資料細部說明	備註	電子檔案	檔案大小	上傳日
2891	91 年 7 月	公開說明書	尚未結案		各類公司債	海外公司債英文版	200207_2891_B05_0.pdf	2,590,979	91/07/10 18
2891	92 年 3 月	公開說明書	尚未結案		各類公司債(稿本)		200303_2891_B021.doc	3,962,880	92/03/21 15
2891	92 年 4 月	公開說明書	生效		各類公司債		200304_2891_B05.doc	3,901,952	92/04/04 17
2891	92 年 6 月	公開說明書	尚未結案		各類公司債(稿本)		200306_2891_B021.doc	1,526,272	92/06/06 10
2891	92 年 6 月	公開說明書	生效		各類公司債		200306_2891_B05.doc	1,604,096	92/06/23 17
2891	92 年 8 月	公開說明書	尚未結案		各類公司債(稿本)		200308_2891_B021.doc	1,660,416	92/09/24 14
2891	92 年 9 月	公開說明書	尚未結案		增資發行(稿本)		200309_2891_B012.doc	6,628,352	92/09/05 10
2891	92 年 10 月	公開說明書	生效		各類公司債		200310_2891_B05.doc	1,849,344	92/10/13 20
2891	93 年 2 月	公開說明書	尚未結案		各類公司債(稿本)		200402_2891_B021.doc	6,313,984	93/02/16 10
2891	93 年 2 月	公開說明書	生效		各類公司債		200402_2891_B05.doc	6,470,144	93/02/26 10
2891	100 年 12 月	公開說明書			增資發行(稿本)		201112_2891_B011.zip	7,788,213	100/12/29 1
2891	100 年 12 月	公開說明書	尚未結案		各類公司債(稿本)	無	201112_2891_B021.pdf	8,735,050	100/12/29 1
2891	101 年 2 月	公開說明書	生效		增資發行		201202_2891_B04.zip	8,502,414	101/02/10 1
2891	101 年 2 月	公開說明書			各類公司債	無	201202_2891_B05.pdf	8,746,582	101/02/10 1
2891	101 年 12 月	公開說明書			增資發行(稿本)		201212_2891_B011.pdf	9,981,688	101/12/28 1
2891	102 年 2 月	公開說明書	生效		增資發行	無	201302_2891_B04.pdf	9,576,160	102/02/01 1
2891	104 年 6 月	公開說明書	尚未結案		各類公司債(稿本)	中信金控一○四年度第一期無擔保普通公司債（稿本）	201506_2891_B021.pdf	648,246	104/06/10 0
2891	104 年 7 月	公開說明書	生效		各類公司債	中信金控一○四年度第一期無擔保普通公司債	201507_2891_B05.pdf	520,734	104/07/22 1
2891	104 年 8 月	公開說明書	尚未結案		增資發行(稿本)	中籌股份轉換發行新股	201508_2891_B011.pdf	5,282,242	104/08/31 1
2891	104 年 11 月	公開說明書	尚未結案		增資發行(稿本)	一○四年度現金增資發行新股申報用稿本	201511_2891_B011.zip	9,695,576	104/11/12 1
2891	104 年 11 月	公開說明書	生效		增資發行	中籌股份轉換發行新股	201511_2891_B04.pdf	6,874,205	104/11/12 1
2891	104 年 12 月	公開說明書	生效		增資發行	一○四年度現金增資發行新股(尚未定價)	201512_2891_B04.zip	10,299,447	104/12/28 2
2891	106 年 9 月	公開說明書	尚未結案		增資發行(稿本)	一○六年度現金增資發行乙種特別股(稿本)	201709_2891_B011.pdf	12,436,823	106/09/18 1
2891	106 年 10 月	公開說明書	生效		增資發行	一○六年度現金增資發行乙種特別股	201710_2891_B05.pdf	15,980,952	106/10/25 1
2891	107 年 1 月	公開說明書	生效❷		增資發行❶	一○六年度現金增資發行乙種特別股	201801_2891_B04.pdf❸	2,636	107/01/18 1
2891	107 年 12 月	公開說明書	尚未結案		增資發行(稿本)	一○七年度現金增資發行丙種特別股(稿本)	201812_2891_B011.pdf	15,684,991	107/12/28 1
2891	107 年 12 月	公開說明書	尚未結案		各類公司債(稿本)	中信金控一○七年度第一次無擔保次順位普通公司債(稿本)	201812_2891_B021.pdf	3,628,919	107/12/19 1

STEP 4 在新跳出的視窗中，再點選一次❶「201801_2891_B04.pdf」，即可直接開啟中信金乙特「公開說明書」的PDF檔，若是想儲存檔案，則可按滑鼠右鍵另存新檔。

電子資料查詢作業

電子檔案：201801_2891_B04.pdf ❶

請點選連結直接開啟或按右鍵另存新檔

股票代號：2891

中國信託金融控股股份有限公司
CTBC Financial Holding Co., Ltd.

公 開 說 明 書

（一〇七年度現金增資發行丙種特別股）

一、公司名稱：中國信託金融控股股份有限公司
二、本公開說明書編印目的：現金增資發行丙種特別股
　（一）本次發行新股來源：現金增資發行新股。
　（二）種　　類：記名式丙種特別股，**每股面額新臺幣壹拾元整**。
　（三）股　　數：記名式丙種特別股 166,660 千股。
　（四）金　　額：募集總額新臺幣 99.996 億元整。
　（五）發行條件：
　1.現金增資發行丙種特別股 166,660 千股，每股面額新臺幣壹拾元，計新臺幣 9,999,600 千元，每股以新臺幣 60 元溢價發行。
　2.本次增資發行新股依公司法第 267 條規定，保留發行新股總額 10%，計 16,666 千股由員工按發行價格認購；另依證券交易法第 28-1 條規定提撥發行股份之 10%，計 16,666 千股以公開申購配售方式對外公開承銷；餘發行股份之 80%，計 133,328 千股由原股東依認股基準日股東名簿所載之持股比例認購。原股東及員工放棄認購或併湊不足一股之暫零股部分，授權董事長洽特定人按發行價格承購之。
　3.本次增資發行丙種特別股之權利義務：
　（1）丙種特別股股息率(年率)3.20%【七年期 IRS 利率 0.99%+2.21%】，按每股發行價格計算。又七年期 IRS 利率將於發行日起滿七年之次一營業日及其後每七年重設。定價基準日為定價日前一個台北金融業營業日，利率重設定價基準日為利率重設日之前二個台北金融業營業日。利率指標七年期 IRS 為定價基準日及利率重設基準日台北金融業營業日上午十一時依英商路透社(Reuter)「TAIFXIRS」與「COSMOS3」七年期利率交換報價上午十一時定價之算術平均數。若於定價基準日及利率重設定價基準日無法取得前述報價，則由本公司依誠信原則與合理之市場行情決定。
　（2）除有下第(4)點不分派或取消分派股息之情形外，股息每年以現金一次發放，於每年股東常會承認財務報告後，由董事會訂定基準日支付前一年度得發放之股息。發行年度及收回年度股息之發放，按當年度實際發行天數計算。
　（3）本公司年度決算如有盈餘，應先依法繳納稅捐、彌補虧損、提列法定盈餘公積及特別盈餘公積，再就其餘額優先分派特別股之股息。
　（4）本公司對於丙種特別股之股息有自主裁量權，於年度決算無盈餘或盈餘不足分派特別股股息，或因特別股股息之分派將使本公司資本適足率低於法令或主管機關所定最低要求等或其他情形，本公司得不分派或取消丙種特別股之股息，不構成違約之事件。
　（5）丙種特別股為非累積型，其未分派或分派不足股息，不累積於以後有盈餘年度遞延償付。
　（6）丙種特別股股東除依第(1)點所定之股息率領取股息外，不得參加普通股關於盈餘及資本公積為現金及

資料來源：公開資訊觀測站

4步驟挑對金融特別股
降風險又省二代健保費

7-1 已經介紹過金融特別股的特性,以及目前台灣有哪些掛牌的金融特別股,以下就以 2017 年 12 月 25 日發行的中信金乙特(2891B)為例,說明如何操作金融特別股。

步驟1》觀察發行機構穩定度與獲利情況

由於金融特別股的獲利以股利為主,但股利只有在發行機構當年度有盈餘時才會發放,因此,在購買金融特別股之前,必須先確認發行機構的穩定度與獲利情況。投資人可以透過發行機構的背景、中華信用評等等級、前 10 大股東與歷年股利發放情況來進行觀察。

1. 發行機構的背景

中信金乙特的發行機構為中國信託金融控股股份有限公司(簡稱中信金(2891)),成立於 2002 年 5 月 17 日,股本 1,949 億元,

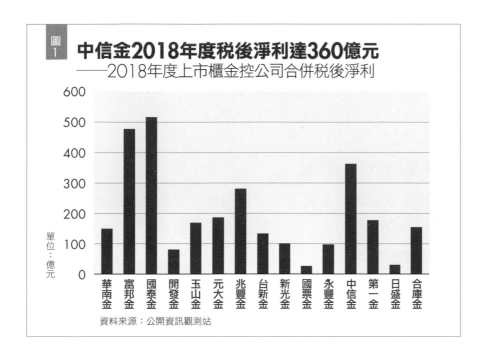

圖1 **中信金2018年度稅後淨利達360億元**
——2018年度上市櫃金控公司合併稅後淨利

單位：億元

資料來源：公開資訊觀測站

全球員工人數超過 2 萬 7,000 人；該公司旗下擁有中國信託商業銀行（股）公司、台灣人壽保險（股）公司、中國信託綜合證券（股）公司、中國信託創業投資（股）公司、中國信託資產管理（股）公司、中國信託證券投資信託（股）公司、中信保全（股）公司、台灣彩券（股）公司等 8 家子公司。

　從財務報表來看，中信金的 2018 年度合併稅後淨利為 360 億元，為上市櫃金控公司第 3 名，僅次於國泰金（2882）514 億元

和富邦金（2881）477 億元（詳見圖 1）。

　此外，中信金每月營收自 2009 年 7 月以來皆為正值，2019 年 3 月營收為 239 億元，年增率 0.64%。

2. 中華信用評等等級

　根據中華信用評等公司的資料顯示，中信金長期信用評等為 twAA-，評等展望穩定，公司倒閉風險小（詳見表 1，查詢方式詳見圖解教學❶）。

3. 前 10 大股東

　根據《台灣經濟新報》2019 年 2 月的資料，中信金前 10 大股東包含 4 家人壽保險公司（中國人壽保險股份有限公司、國泰人壽保險股份有限公司、富邦人壽保險股份有限公司和南山人壽保險股份有限公司），以及 1 家政府基金（花旗（台灣）商業銀行受託保管新加坡政府投資專戶）等，顯示中信金經營穩健、收益穩定，符合人壽保險公司和政府基金長期投資的標準（詳見表 2）。

4. 歷年股利發放情況

　觀察中信金自 2002 年上市之後的股利發放情況，可以發現，截至 2019 年 4 月，除了 2006 年受到雙卡風暴（指台灣發行信用

表1　中信金信評等級為twAA-，財務承諾履行能力高
——中華信用評等等級表

評等等級	定義
twAAA	為最高評等級別，表示相較於其他台灣債務人，該債務人有極強的財務承諾履行能力
twAA	與 twAAA 僅在程度上有些微的不同，表示相較於其他台灣債務人，該債務人有極強的財務承諾履行能力
twA	與 twAAA 和 twAA 相比，會稍微容易受環境及經濟條件變動之不利效果所影響
twBBB	可能因不利的經濟條件或環境變動，而減弱債務人對財務承諾的履行能力
twBB	存在著重要的長期性不確定因素，或暴露於不利的經營、財務或經濟條件之下，可能會導致該債務人履行財務承諾的能力不足
twB	不利的經營、財務或經濟條件，可能損害該債務人履行財務承諾的能力或意願
twCCC	該債務人能否履行財務承諾，將視經營環境與財務狀況是否有利而定
twCC	違約情況尚未發生，但中華信評預期，違約情況幾乎可確定會發生
R	債務人基於其財務狀況，目前正接受主管機關接管中。在接管期間，主管機關有權決定債務償付的順位或僅選擇償還部分債務
SD	中華信評認為該債務人已選擇性地針對某特定或某類債務違約，但仍將會如期履行其他債務或其他類別之債務
D	中華信評認為該債務人將發生全面性的違約，且將無法如期履行所有或絕大部分即將到期的債務

註：twAA ～ twCCC 各評等等級中，皆可增加一個加號（＋）或減號（－），來代表在同等等級內的相對地位
資料來源：中華信用評等公司

卡和現金卡的銀行，因發卡浮濫、收取高額利息等緣故，使得雙卡債務人背負大筆債務的事件）影響，公司出現虧損（稅後淨利為負

表2 **中信金前10大股東中包含4家人壽保險公司**
——中信金（2891）2019年2月普通股前10大股東

股東名稱	持股張數（張）	持股比率（%）
中國人壽保險股份有限公司	**610,913**	**3.08**
宜高投資股份有限公司	567,581	2.86
國泰人壽保險股份有限公司	**440,067**	**2.22**
富邦人壽保險股份有限公司	**409,653**	**2.07**
南山人壽保險股份有限公司	**338,835**	**1.71**
花旗（台灣）商業銀行受託保管新加坡政府投資專戶	335,280	1.69
中國信託商業銀行受中國信託金融控股（股）員工福利儲蓄信託基金委員會信託財產專戶	317,954	1.60
銓緯投資股份有限公司	313,835	1.58
臺灣銀行股份有限公司	308,320	1.55
大通託管梵加德集團新興市場基金投資專戶	280,720	1.42

註：資料統計時間為 2019.04.10　　資料來源：《台灣經濟新報》

102 億元），導致 2007 年未發放普通股股利之外，其餘年度皆有
發放股利（詳見圖 2）。

　　前文 7-1 說過，特別股的盈餘分配權優先於普通股，因此，只要
發行公司有配發普通股股利，就表示特別股股東一定有拿到股利。
而中信金近 16 年來（2003 ～ 2018 年），僅 2007 年這一年未

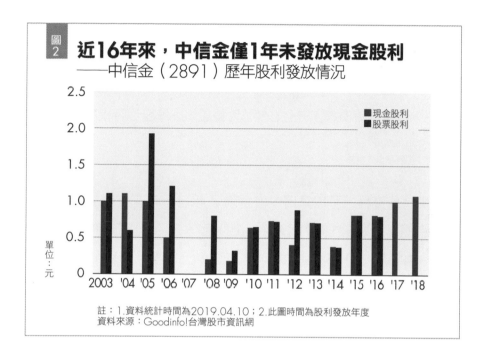

圖2 **近16年來，中信金僅1年未發放現金股利**
——中信金（2891）歷年股利發放情況

■現金股利
■股票股利

單位：元

2003 '04 '05 '06 '07 '08 '09 '10 '11 '12 '13 '14 '15 '16 '17 '18

註：1.資料統計時間為2019.04.10；2.此圖時間為股利發放年度
資料來源：Goodinfo!台灣股市資訊網

發放普通股股利，發放紀錄良好，這也表示特別股股東能夠領到股利的機率很大。

步驟2》確認特別股的發行條件

根據前述內容，可以得知中信金的獲利穩健、倒閉風險小，且僅有1年沒有配發普通股股利，是很穩定的公司；接著，就可以來確認一下中信金乙特的發行條件。

從「特別股基本權利資料」和「公開說明書」中可以知道，中信金乙特總共發行 3 億 3,333 萬股，其發行價為 60 元，發行日為 2017 年 12 月 25 日，股利率前 7 年是 3.75%，7 年之後以 7 年期 IRS 利率（利率交換）＋ 2.6675% 重設，按每股發行價格計算（詳見圖 3）。

藉由這些資料，可以算出中信金前 7 年每一年花在發放特別股股利的金額為 7 億 4,999 萬元（＝ 60 元 ×3.75%× 3 億 3,333 萬股），如果以 2018 年稅後淨利 360 億元來看，其金額為特別股股利的 48 倍，顯示出若無意外，2019 年中信金配發特別股股利的機率極大。

權利方面，中信金乙特不具表決權、不具選舉權，但有被選舉權，且其為非股利累積、不可參加、不具轉換權之特別股；此外，中信金可於發行屆滿 7 年後的次日（2024 年 12 月 26 日）起，隨時按原實際發行價格將部分或全部中信金乙特贖回。

雖然中信金乙特不具備多項權利，但中信金倒閉風險小、獲利穩健，投資人可安心領取股利。至於價格方面，假若發行屆滿 7 年後，公司欲贖回其特別股，也會按原實際發行價格（60 元）贖回，有下檔保護，因此投資人無須過度擔心。

圖3 # 詳閱公開說明書，掌握特別股發行條件
——中信金乙特（2891B）公開說明書

股票代號：2891

中國信託金融控股股份有限公司
CTBC Financial Holding Co., Ltd.
公開說明書
（一○六年度現金增資發行乙種特別股）

一、公司名稱：中國信託金融控股股份有限公司
二、本公開說明書編印目的：現金增資發行乙種特別股
　（一）本次發行新股來源：現金增資發行新股。
　（二）種　　類：記名式乙種特別股，每股面額新臺幣壹拾元整。
　（三）股　　數：記名式乙種特別股 333,330 千股。
　（四）金　　額：募集新臺幣 199.998 億元整。
　（五）發行條件：
　1.現金增資發行乙種特別股 333,330 千股，每股面額新臺幣壹拾元，計新臺幣 3,333,300 千元，每股訂定以新臺幣 60 元溢價發行。
　2.本次增資發行新股依公司法第 267 條規定，保留發行新股總額 10%，計 33,333 千股由員工按發行價格認購；另依證券交易法第 28-1 條規定提撥發行股份之 10%，計 33,333 千股以公開申購配售方式對外公開承銷；餘發行股份之 80%，計 266,664 千股由原股東依認股基準日股東名簿所載之持股比例認購。原股東及員工放棄或併湊不足一股之畸零股部分，授權董事長洽特定人按發行價格認足。
　3.本次增資發行乙種特別股之權利義務：
　　(1)乙種特別股股息率(年率)3.75%(7年期 IRS 利率 1.0825%+2.6675%)，按每股發行價格計算。7年期 IRS 利率將於發行日起滿 7 年之次一營息日及其後每七年重設。利率重設定價基準日為利率重設日之前 2 個台北金融業營業日，利率指標 7 年期 IRS 為利率重設定價基準日台北金融業營業日上午 11 時依英商路透社(Reuter)「PYTWDFIX」與「COSMOS3」7 年期利率交換報價上午 11 時定價之算術平均數。若於利率重設定價基準日無法取得前述報價，則由本公司依誠信原則與合理之市場行情決定。
　　(2)本公司年度決算後如有盈餘，應先依法繳納稅捐、按財務會計準則調整、彌補虧損、提存法定盈餘公積及依法令規則或迴轉特別盈餘公積，再就其餘額優先分派甲種特別股股息分派及以前各年度累積未分派或分派不足額之股息，其次就其餘額再儘先分派乙種特別股當年度得分派之股息。
　　(3)本公司對於乙種特別股之股息分派有自主裁量權，於年度決算無盈餘或盈餘不足分派乙種特別股股息，或因乙種特別股股息之分派將使本公司資本適足率低於法令或主管機關所定最低要求等或其他情形，本公司得不分派或取消乙種特別股之股息，不構成違約事件。
　　(4)乙種特別股為非累積型，其未分派或分派不足額之股息，不累積於以後有盈餘年度遞延償付。
　　(5)乙種特別股股東除依本項第一款所定之股息率領取股息外，不得參加普通股關於盈餘及資本公積為現金及撥充資本之分派。
　　(6)乙種特別股股東分派本公司剩餘財產之順序優先於普通股股東、次於甲種特別股股東，但以不超過發行金額為限。
　　(7)乙種特別股股東於普通股股東會無表決權及選舉權，但得被選舉為董事，於乙種特別股股東會及關係乙種特別股股東權利義務事項之股東會有表決權。
　　(8)乙種特別股不得轉換成普通股，乙種特別股股東亦無要求公司收回其所持有之乙種特別股之權利。
　　(9)乙種特別股無到期期限，但本公司得於發行屆滿七年之次日起隨時按發行實際價格，收回全部或一部之已發行乙種特別股。未收回之乙種特別股，仍延續前述各款發行條件之權利義務。若當年度本公司決議發放股息，截至收回日應發放之股息，按當年度實際發行天數計算。
　（六）公開承銷比例：本次現金增資發行新股總數之 10%。
　（七）承銷及配售方式：公開申購方式對外公開承銷。
三、本次資金運用計畫之用途及預計可能產生效益之概要：請參閱本公開說明書第 129 頁之說明。
四、本次發行之相關費用：
　（一）承銷費用：新臺幣伍佰萬元。

資料來源：公開資訊觀測站

步驟3》計算特別股實際報酬率

接著，就可以來計算中信金乙特的報酬率了。

也許有人會問，它的報酬率不就是公開說明書上寫的 3.75% 嗎？為什麼還要計算呢？這是因為，只有當你以特別股的發行價格（60元）購買中信金乙特時，報酬率才會是 3.75%。然而特別股上市以後，股價通常會上漲，所以實際報酬率大多會低於 3.75%。

由於中信金可於發行屆滿 7 年後次日起，隨時按原實際發行價格將部分或全部中信金乙特贖回，因此接下來將分別探討在「中信金提前贖回全部中信金乙特」與「中信金一直未贖回中信金乙特」兩種不同情況下，如何計算中信金乙特股東的實際報酬率（詳見表3）。

為了簡化計算，此處假設中信金於每年 6 月 30 日配發前一年度的特別股股利，且發行屆滿 7 年後，中信金乙特的約定股利率仍為 3.75%。

1. 中信金提前贖回全部中信金乙特

若投資人在 2019 年 4 月 10 日以市價 64.1 元買進 1 股中信金

表3		

即使中信金特別股遭提前贖回，報酬率仍達3%
──中信金提前贖回vs.未贖回特別股之實際報酬率

特別股贖回情況	實際報酬率
中信金於 2024 年 12 月 31 日提前贖回中信金乙特	3.29%
中信金一直未贖回中信金乙特	3.51%

註：以2019年4月10日中信金乙特收盤價64.1元計算

乙特，則依發行條件來看，2019 年～ 2024 年每年的 6 月 30 日，投資人可以領取 2018 年～ 2023 年全年度股利 2.25 元（＝ 60 元 ×3.75%）。

　　假設中信金於 2024 年 12 月 31 日提前贖回中信金乙特，則在贖回當天，中信金除了必須以原實際發行價格（60 元）贖回投資人手中的特別股以外，還必須支付 2024 年 1 月 1 日～ 2024 年 12 月 31 日的特別股股利 2.25 元（＝ 2.25 元 ×（365 天／ 365 天））。

　　接下來，我們可以將上述資料代入 Excel 的 XIRR 函數計算，可算出投資人的實際報酬率約為 3.29%（詳見圖解教學❷）。

2. 中信金一直未贖回中信金乙特

表4 台灣掛牌金融特別股實際報酬率均有3%以上

名稱（股號）	發行價格（元）	約定股利率（%）	每股配息金額（元）	免繳二代健保保險費持有張數（張）
聯邦銀甲特（2838A）	50	4.80	2.400	8
台新戊特（2887E）	50	4.75	2.375	8
台新戊特二（2887F）	50	3.80	1.900	10
富邦特（2881A）	60	4.10	2.460	8
富邦金乙特（2881B）	60	3.60	2.160	9
國泰特（2882A）	60	3.80	2.280	8
國泰金乙特（2882B）	60	3.55	2.130	9
中信金乙特（2891B）	60	3.75	2.250	8
王道銀甲特（2897A）	10	4.25	0.425	47
裕融甲特（9941A）	50	4.00	2.000	9

註：1. 資料統計時間為 2019.04.10；2. 為簡化計算，此表假設①發行公司於每年 6 月 30 日配發前一年度的特別股股利，②若發行公司提前贖回，則發行公司於提前贖回年份的 12 月 31 日，贖回全部特別股，③若發行公司未贖回，則發行年限屆滿後，特別股的約定股利率維持不變

若中信金一直未贖回中信金乙特，表示特別股股東每年都能夠領取固定股利 2.25 元，具有永續年金的性質，故可套用永續年金現值的計算公式，反推出實際報酬率。

P_0 是特別股目前市價，D_{pf} 是特別股每年配發股利，R 是特別股股東的實際報酬率，計算公式為：

——台灣掛牌金融特別股實際報酬率

2019.04.10 收盤價（元）	發行公司 提前贖回年份	實際報酬率（%）	
		發行公司提前贖回	發行公司未贖回
55.1	2023 年	3.75	4.36
55.3	2023 年	3.60	4.29
51.7	2025 年	3.97	3.68
65.4	2023 年	3.16	3.76
63.1	2025 年	3.44	3.42
64.1	2023 年	3.27	3.56
62.7	2025 年	3.49	3.40
64.1	2024 年	3.29	3.51
10.4	2024 年	4.44	4.09
53.6	2023 年	3.44	3.73

資料來源：公開資訊觀測站

$$P_0 = \frac{D_{pf}}{(1+R)} + \frac{D_{pf}}{(1+R)^2} + \cdots\cdots + \frac{D_{pf}}{(1+R)^\infty} = \frac{D_{pf}}{R}$$

$$R = \frac{D_{pf}}{P_0}$$

如果投資人在 2019 年 4 月 10 日以市價 64.1 元買進 1 股中信

金乙特,則可算出中信金乙特的實際報酬率約為 3.51%（＝ 2.25 元／ 64.1 元 ×100%）。

步驟4》計算免繳二代健保費持有張數

計算出實際報酬率以後,投資人就可以自行評估是否要進場。但要注意的是,金融特別股的股利屬於股利所得,若大於或等於 2 萬元,就必須繳交 1.91% 的二代健保補充保險費。

舉例來說,持有 1 張中信金乙特,每年可以領到特別股股利 2,250 元（＝ 2.25 元 ×1,000 股）,若持有 9 張,則每年可領取特別股股利 2 萬 250 元。由於 2 萬 250 元大於 2 萬元,因此必須繳交二代健保補充保險費 387 元（＝ 2 萬 250 元 ×1.91%）,因此,投資人最多持有 8 張中信金乙特即可。

如果你覺得只持有 8 張金融特別股數量太少,有一個方式可以解決這個困擾。由於目前（截至 2019 年 4 月）10 檔掛牌金融特別股（不計入中信金丙特（2891C））的實際報酬率都在 3% 以上（詳見表 4）,因此,可以透過購買其他的金融特別股,來達到持有逾 100 張金融特別股的目的;此外,購買不同的金融特別股可以分散風險,抱起來也會更安心。

圖解教學❶ 查詢發行公司的中華信用評等

STEP 1

進入「中華信用評等」（www.taiwanratings.com）首頁後，點選左方欄「評等表」下的❶「金融機構」。

STEP 2

選擇想要查詢的金融機構，此處以「中信金乙特（2891B）」為例，故點選發行機構❶「中國信託金融控股股份有限公司」。

接續
下頁

STEP 3 在新跳出的視窗中，可以看到該金融機構的各項評等資訊，包括目前評等、歷史評等資料、研究分析、近5年債券發行評等歷史等。

🔒 taiwanratings.com

中國信託金融控股股份有限公司

目前評等

長期評等： twAA-

短期評等： twA-1+

評等展望： 穩定

評等日期	長期信用評等	評等展望(信用觀察)	短期信用評等
2014/07/22	twAA-	穩定	twA-1+
2013/11/04	twAA-	信用觀察負向	twA-1+
2010/02/05	twAA-	穩定	twA-1+
2009/11/19	twAA-	信用觀察負向	twA-1+
2008/09/18	twAA-	穩定	twA-1+
2007/10/11	twAA-	正向	twA-1+
2007/06/07	twAA-	穩定	twA-1+
2004/12/22	twAA-	穩定	twA-1
2002/06/13	twA+	穩定	twA-2

研究分析

2018/09/26	最新研究：中信金控「twAA-/twA-1+」評等獲確認；展望「穩定」
2017/09/28	最新研究：中信金控「twAA-/twA-1+」評等獲確認；展望「穩定」
2016/09/26	最新研究：中信金控「twAA-/twA-1+」評等獲確認；展望「穩定」
2016/04/18	評等快訊：中信金控與中信銀評等不受其馬來西亞投資計畫影響
2016/04/01	新聞稿：宣布海外投資計劃，中信金與中信銀評等獲確認；展望「穩定」

近5年債券發行評等歷史

券別	金額(百萬)	發行日	到期日	票面利率(%)	債券評
無					

*反映續後評等具有的持續監視特性，「評等日期」欄位所示為最近一次評等/評等展望異動、或評等置入信用觀察名單/自信

*中華信評在未變動其對評等的看法之前，不更動「評等日期」欄位的作法，符合國際間評等資訊揭露慣例。

資料來源：中華信用評等

圖解教學❷ 用Excel「XIRR函數」計算報酬率

開啟一個新的Excel工作表，在儲存格A1填入❶「日期」、儲存格B1填入❷「現金流量」，接著將❸買進金融特別股的日期與價格、❹未來股利與❺最終發行公司贖回價格一一填入，最後再填入❻「年報酬率」。

此處以「中信金乙特」為例，假設2019年4月10日以每股64.1元買進，2019～2024年每年6月30日配發前一年度股利2.25元，2024年12月31日中信金按原實際發行價格60元贖回特別股，並配發2024年1月1日～2024年12月31日的股利2.25元。

	A	B	C	D
1	❶ 日期	現金流量 ❷		
2	❸ 2019/4/10	-64.1	買進價格	
3	2019/6/30	2.25	2018年全年度股利	
4	2020/6/30	2.25	2019年全年度股利	
5	2021/6/30	2.25	2020年全年度股利	
6	❹ 2022/6/30	2.25	2021年全年度股利	
7	2023/6/30	2.25	2022年全年度股利	
8	2024/6/30	2.25	2023年全年度股利	
9	2024/12/31	2.25	2024/1/1～2024/12/31股利	
10	❺ 2024/12/31	60	中信金按原實際發行價格贖回	
11	❻ 年報酬率			
12				
13				
14				

工作表1

接續
下頁

STEP **2**

選取❶「儲存格B11」後，點選上方工具列❷「公式」項目下的❸「插入函數」，在跳出的「插入函數」視窗「搜尋函數（S）」中，輸入❹「XIRR」並按❺「開始」，接著選取視窗中出現的❻「XIRR」選項後，按下❼「確定」。

STEP **3**

接著，Excel會自動跳出「函數引數」視窗，在「Values」（現金流量的值）中輸入❶「B2：B10」、「Dates」（現金流量發生日期）中輸入❷「A2：A10」，然後按下❸「確定」，Excel便會在「儲存格B11」中算出年報酬率為「0.0328624」，也就是大約3.29%。

	A	B	C
1	日期	現金流量	
2	2019/4/10	-64.1	買進價格
3	2019/6/30	2.25	2018年全年度股利
4	2020/6/30	2.25	2019年全年度股利
5	2021/6/30	2.25	2020年全年度股利
6	2022/6/30	2.25	2021年全年度股利
7	2023/6/30	2.25	2022年全年度股利
8	2024/6/30	2.25	2023年全年度股利
9	2024/12/31	2.25	2024/1/1～2024/12/31股利
10	2024/12/31	60	中信金按原實際發行價格贖回
11	年報酬率	0.0328624	

B11　=XIRR(B2:B10,A2:A10)

註：Excel 2007 以上版本或 Google 試算表才可使用 XIRR 函數

253

國家圖書館出版品預行編目資料

人人都能學會存到100張金融股全圖解 /《Smart智富》
真‧投資研究室著. -- 一版. -- 臺北市：Smart智富文化，
城邦文化, 2019.04
　　面；　公分. -- (人人都能學會；12)
ISBN 978-986-97152-9-4（平裝）

1.股票投資 2.投資技術 3.投資分析

563.53　　　　　　　　　　　　　　　108004892

Smart 智富
人人都能學會存到100張金融股 全圖解

作者	《Smart 智富》真‧投資研究室
企畫	呂郁青、林帝佑、陳君行、蔡名傑
商周集團	
榮譽發行人	金惟純
執行長	王文靜
Smart 智富	
社長	朱紀中
總編輯	林正峰
資深主編	楊巧鈴
編輯	李曉怡、林易柔、邱慧真、胡定豪、施茵曼
	連宜玫、劉鈺雯
資深主任設計	張麗珍
版面構成	林美玲、廖洲文、廖彥嘉
出版	Smart 智富
地址	104 台北市中山區民生東路二段 141 號 4 樓
網站	smart.businessweekly.com.tw
客戶服務專線	（02）2510-8888
客戶服務傳真	（02）2503-5868
發行	英屬蓋曼群島商家庭傳媒股份有限公司城邦分公司
製版印刷	科樂印刷事業股份有限公司
初版一刷	2019 年 4 月
初版三刷	2019 年 10 月

ISBN　　978-986-97152-9-4

WBSM0012A1
《人人都能學會存到100張金融股全圖解》

Smart 智富 讀者服務卡

為了提供您更優質的服務，《Smart 智富》會不定期提供您最新的出版訊息、優惠通知及活動消息。請您提起筆來，馬上填寫本回函！填寫完畢後，免貼郵票，請直接寄回本公司或傳真回覆。Smart 傳真專線：（02）2500-1956

1. 您若同意 Smart 智富透過電子郵件，提供最新的活動訊息與出版品介紹，請留下
電子郵件信箱：_____

2. 您購買本書的地點為：□超商，例：7-11、全家
□連鎖書店，例：金石堂、誠品
□網路書店，例：博客來、金石堂網路書店
□量販店，例：家樂福、大潤發、愛買
□一般書店

3. 您最常閱讀 Smart 智富哪一種出版品？
□ Smart 智富月刊（每月 1 日出刊）　　□ Smart 叢書　　□ Smart DVD

4. 您有參加過 Smart 智富的實體活動課程嗎？　　□有參加　　□沒興趣　　□考慮中
或對課程活動有任何建議或需要改進事宜：
_____

5. 您希望加強對何種投資理財工具做更深入的了解？
□現股交易　　□當沖　　□期貨　　□權證　　□選擇權　　□房地產
□海外基金　　□國內基金　　□其他：_____

6. 對本書內容、編排或其他產品、活動，有需要改善的事項，歡迎告訴我們，如希望 Smart
提供其他新的服務，也請讓我們知道：
_____
_____

您的基本資料：（請詳細填寫下列基本資料，本刊對個人資料均予保密，謝謝）

姓名：_____　　性別：□男 □女

出生年份：_____　　聯絡電話：_____

通訊地址：_____

從事產業：□軍人　□公教　□農業　□傳產業　□科技業　□服務業　□自營商　□家管

您也可以掃描右方 QR Code、回傳電子表單，提供您寶貴的意見。

想知道 Smart 智富各項課程最新消息，快加入 Smart 課程好學 Line@。

●填寫完畢後請沿著右側的虛線撕下。

104 台北市民生東路 2 段 141 號 4 樓

行銷部 收

●填寫完畢後請沿著左側的虛線撕下。

●請沿著虛線對摺，謝謝。

書號：WBSM0012A1

書名：人人都能學會存到100張金融股全圖解